太い幹から出る芽が新しい主枝に

京懐石とは風物詩風俗雪月花をも
素材とする

茶懐石から学ぶべきは招く心に
添うべきこと

京料理の定義とは日本国有る食材
調味料にて五感に正直な単品料理

京懐石の定義とは季節の趣を
雅やかに順序立てした料理

伝統のもと、生かされている

京料理

定義を問う

Facts About Kyoto Cuisine

朝尾 朋樹

京都新聞出版センター

すすぎ

――京懐石のはじめに出す、世界で一番うすい味といわれる吸物

京料理がどのような料理か明確に答えることができない
「京料理」、「京会席」、「京懐石」のちがいが分からない

It is difficult to clearly answer the question:
"What kind of cuisine is Kyoto cuisine?"

終戦より七十八年、明治維新から百五十五年
数多くの料理集が登場する江戸中期から三百年
そして遷都よりおよそ千二百年にも及ぶ京の食文化
これから先、永劫これでいいいいのか

Some 77 years since the end of WWII, 155 years since the Meiji Restoration, 300 years from the middle of the Edo period when a multitude of cookbooks appeared, and some 1,200 years since the transfer of the capital to Kyoto and the start of Kyoto cuisine – yet, moving forward, will this gourmet legacy suffice for eternity?

よく聞かれたおかしな話

「おまえ、京料理が、どんな料理か説明できるか」

修業時代（昭和三十七年）のことでした。兄弟子にお酒をごちそうになるたびに、聞かれては返答に困る私に、

「俺は言えるで、京料理がどんな料理か一言で言えるで……」

これまでに多くの料理人仲間と京料理談議をしてきたのだろう、自信に満ちた口調でしたがその答えはいつも兄弟子の口から聞くことはなかった。だが、よくよく考えてみると実におかしな話ではないでしょうか。

毎日、自分たちの作っている料理が京料理ではなかったのか、自分が即座に答えられないのはどうしてなのか、京料理はいったいどこにあるのか、京料理屋で修業していたにもかかわらず釈然としないままでした。

今にして思えば、そのときに答えることができなかったにもかかわらず二十五年後に京料理の看板を、堂々と掲げて今日まで「商い」をしてきたことは私自身、誠に恥ずかしい限り

です。

京料理人が口をそろえて明確に京料理の説明ができないにもかかわらず、京料理を作っていると自負している、こんなおかしなことが現実だと思えます。

現在、京の食文化は明治維新からみて百五十年ほど。自身も料理界に身を置いて六十年余り、成るほどと理解、納得のいく答えは見つからないまま包丁を置く(引退)ことになりました。今日あらためて考え直してみてもどうしてこのような重要なことに、私をはじめ京料理人、京料理界の牽引者《けんいん》は深く触れようとしないのか、あやふやなままで直視してこなかったのか、答えを見失ったまま弟子を取り京料理として指導もしてきた。いつまでこのおかしな事が続くのか、いまだに確立されていない真の京料理を定義付けすることで、何か違うものが見えてくるのか、定義付けすることで確執が生じるのでしょうか。

京料理界がなによりも先ず一番に進めなければならない最も重要な課題のはずです。

※関西をはじめ関東、全国の方々にも京料理がどのような料理なのか、定義をもって明確に示すことができなくて京料理を唱える料理人の資格が問われるのではないでしょうか。

後編京料理の定義(一八〇頁参照)

はじめに

京料理の歴史とこれからの京料理

二〇二三年、「令和」の今日、いまだに「京料理」とはどのような料理かを明確に示すことができていないと思います。

京料理に関わる多くの料理書には日本料理の五体系（大饗料理、精進料理、本膳料理、茶懐石、おばん菜）が融合されたのが「京料理、京会席料理」で、出汁を基本とする調理法によって創作される料理と、おおよそこのような定義づけがされています。しかしこれらはルーツであって、今、作っている料理、目の前に出された料理のどの部分が京料理なのかがまったく見えてきません。定義の概念が具体的ではなく内容がはっきりとしません。出汁だけでは見た目にも食べても分かりません。出汁を使わない魚料理はどうなのでしょう。もちろん一般の方にも理解、納得できないと思います。上辺だけ、虚飾だけでつくろわれた定義にすぎません。国民に理解されてこその京料理でなければなりません。

　例えば現在の京料理といわれている料理の食材は七〇～八〇％が海産物です。海から遠い京都がこのように海の食材を使っている料理のどこに江戸時代からの五体系が反映されているのでしょうか、当然、浮かんでくるのはその様式であり調理法です。ではその様式、調理法が今日までどういった形で継がれ、進化し形成されてどのような京料理になっているのかが、京料理の定義づけに重要となってきます。それにはまずどの料理を指して「京料理」と称しているのかを明確にしておかなければなりません。京料理と言われる呼称は戦前、戦後に言い交わされるようになり「料理」そのものを指しています。又、総称としては現在、「京会席料理」「京懐石料理」「カウンター割烹」の料理を京料理とも呼んでいますが、三業態の料理はそれぞれが別の異なる京料理であるという種別の意識がなかったことが、定義を明確にできなかった要因の一つだと思われます。今ひとつに昔からの「京名物料理」はかならずしも京料理ではないとする、区別ができていなかったことがあげられます。

これらを同一に並べた視点で京料理として比べてきたことで多くの料理ガイド誌のように判断の誤った評価をすることになり混乱してきたのです。ただこれまで料理人においても種別することに、意識が及ばなかったことによって、戦後七十年程の間にいつしか様々な調理法が入り混ざった料理を提供して収拾がつかなくなっているのが現状です。

料理屋の食文化は江戸中期（一七〇〇年頃）を経て明治、大正と続いた二百年程の歴史によって形づけられてきました。その後、戦前、戦後百年程で料理屋の趣旨、内容、客層も一変したのですが、歩むべき方向性も焦点も定まらないまま時代の流れに翻弄されたようなけじめのない料理が蔓延しています。京料理に明確な定義付けが必要とされる時代はすでに遅きに来ています。京料理の中で改革していくことを黙認できること、変ってはいけない、容認してはいけないことがあります。それらを見極める上においてもまず、線引きをしなければなりません。

京会席は現在、日本料理屋料理、全体の「会席料理」様式の「源《みなもと》」ともいうべき料理様式です。その中で京料理の言葉が持つ意味合いを再認識して定義をもって、京会席、京懐石、カウンター割烹、三業態の種別を示すことが今後の日本全国の料理屋料理、京料理の確かな歴史を築いていくことでもあります。

その重要性を問うためにも京料理人として、京料理屋経営者としての経歴をもとに多面的な視点から京料理を見てみることにしました。無論個々の方々との相違があることは心得てのこととして。

本書では前編と後編に分けて、前編では疑問点をおおまかに説明し、後編で詳しく解明していきます。前編との関連事項は、具体的に頁《ページ》を提示しております。類似する文面はニュアンスのちがいで、その都度、書き添えています。

はじめに

目次

第二章　京料理の歩み　「継承、知新、改革、進歩、京料理の指針を見極める」

第三章　京料理と食材　「素材を変える枝葉の料理が新しい料理ではなく太い幹から出る芽が新たな主枝の料理に」

第四章　京料理屋の業態　「業態の明確さは厳しさの証　狭く、深く、地道なくり返し」

第五章　お客さまからの声　「技術の質問から、食材への質問　滋味な味わいより満足感へ

お客様の声は、発見にも迷いにも」

後編

第三章　京料理の定義　「定義なくして『京料理』の名称を冠することはできない」

「京料理」とは

京料理について話を進める前に、まず京料理と呼ばれている言葉の持つ意味合いを改めて整理しておきます。京料理という名称は巻頭にあるように、戦前、戦後に呼称されるようになり、正確には、料理屋の「料理、(単品)」そのものを指します。呼称として象徴的に表現する場合いの京料理は「節度ある雅やかな料理」と言えるでしょう。無論、戦後に呼称されるようになったとしては、後づけ論になりますが、歴史的にみても「理」に「適」するものと思います。そして京料理の「単品」を一品、一品提供しているのが「カウンター割烹」です。

この単品料理の集合体を宴席のコースとして構成した料理を「京会席料理」、さらに「趣」のある献立を意識した料亭のコース料理を「京懐石料理(以後、京懐石)」といいます。

このすべてを総じて京料理と言い表す場合があります。本書においても、総称として京料理とする場面もあります。

本書表題の「京料理」は後者の全体像を総称した「タイトル」としています。

今後、討議するにおいても、「京料理」「京会席」「京懐石」の用語を熟議した上で使い分けをしなければ、京料理全体に関する論点が定まりません。それぞれを区別、線引きすることで京料理の定義についても論じ合え、さらなる発展が望めるものと思います。

現在、京懐石としてもっとも軽薄になりつつあるのが風情を感じさせない料理だと思います。ただ単においしさだけに重きをおいた大衆料理、高額（肉食）料理同様に京料理までもがおいしさ、食べることの満足感に片寄っています。

京料理には季節感が大切です、季節感とは食材だけではありません。

春にはすがすがしい爽やかさを感じる料理、夏には涼感ある料理、秋には豊かな実り、冬には厳しい寒さをしのぐ暖かそうな演出、季節の情趣を添える料理も必要です。「夏にはいかにも涼しきように。冬にはいかにも暖かなるように」（利休語）また、各行事食といった旧暦をもとにくらしていた、いとなみを因み料理として表現することも節目節目には大切な部分です。京懐石は四季折々の風物詩、風俗といった「趣」も楽しむ料理だからです。

いまだに確立されていない京料理に確かな線引きをすることで京料理のあるべき姿が見えてくると思います。誰にも分かりよく示すことで、守るべき価値が理解され共有できることにより、次の世代に向けても品位のある京料理を継承することができます。大切なことは「京料理」の食文化を国内外に向けて正しく明確に発信して、そのすばらしさを認識していただけることです。

「京料理人とは」修業歴と使命感

京料理に従事する職業料理人（職人）にはおおよそ会席料理、カウンター料理、専門料理、そして料亭に代表される京懐石に関わる料理人がいます。それぞれに難しさはありますが、各業態の職場を経験してきた自身が思うには、やはり京懐石の難しさは特別なものでした。ハードルが少しちがいます。しかし京料理がどのような料理なのか明確に答えることが出来なくて「京料理人」と言えるのでしょうか。

追い求める料理が見えてこない。制約も定義もなく本質を探す指針すら分からない。京料理として取り上げるメディアの錯雑《さくざつ》した情報発信に日々の料理にも自信が持てず、信念すら見失ってしまう。

このような思いに多くの料理人が一度は苦悩し無力感に陥ったと思います。そのような不確かな日々の料理のなかで巍然《ぎぜん》とした基本があり、約束事に則する「茶懐石」に答を探すことで京料理の本質を見付けることが出来るのでは、一流の京料理人としての「証《あかし》」にもなると安易に拠りどころを求める。その一人でもあった自身が昭和四十六〜七年にかけ（十二ヶ月）茶懐石の献立を料理機関誌「楽味」に掲載した覗《のぞ》き見ほどの浅識《せんしき》から見えてきた見解は、料理屋の料理と現在の「商《あきない》」として作る「茶懐石」とは、その趣旨が異なるも差異はそれ程変わるものではなく、むしろ料理人の目から見る料理は「巧まぬことを良」とした茶懐石に対して、発展し続けることを「強いられる」料理屋料理には独自の難しさがあります。茶懐石を知ることが一流の証明には成り得ません、学ぶべきことは料理そのものではなく、茶道には学び得ない程、究極とも言える基本に則した約束事、作法があります。その中で料理人として最も学ぶべきことは、もてなしの精神、料理以前の心得事です。今もって確たる定義のない京料理、そのような現状でいくら茶懐石を約束事どうりに作っても所詮は真似ごとにすぎず、探すものが見付かる道理はありません。このことは私自身の信念のあいまいさと思い知り、あらためて京料理を考え直すにいたりました。

料理業界には「入れ方」と呼ばれる調理師紹介所があります。料理人を斡旋するところでもあり、料理人の集まる場でもあります。昭和四十五年頃まででしょうか京都に七、八軒あった「入れ方」ではいつも職人同士の料理談義が始まります。その話を横で聞いては参考にする、若い料理人にとっては、耳学問を得る場でもあり、また先走った料理の指摘を受ける軌道修正の場にもなっていました。入れ方には写真（次頁）のように相僕の番付のような調理師連盟表があり、その札組みは上部一段目がおおむね料理長クラスが占めます。下段に向かってその弟子たちが並びその下に別枠として寿司職人の札が並びます。この順位はかならずしも料理人の腕の上下を示すものではありません。

料亭の料理長は会席料理、カウンター料理、川魚料理、カニ、フグ、鰻、天ぷらといった専門料理もおおよそ熟《こな》すことができなければ料理長として料亭の調理場に立つことはかないません。料理長に至るまでには長い修業、下積み料理長としての経歴、そして調理技術とは別に京懐石としての「様式」「行事食」「情趣」「料理強弱」の流れ、「素材の取り合わせ」「間合いの料理」すべてを献立に組み込まなければならない、技術を超えた難しさがあります。なん年経ってもなかなか一流の料理長になりきれません。

また、こんな一面もあります。

ただおいしい料理を考えるだけではなく、京懐石には風情、風雅といった日本的情緒を料理に表現できる。日本の四季をどう感じとり、五感を通うしてどのように表現するかで料理人個々の構成、旋律が変わります。

季節感を出したい料理、味、量、盛り付けに強弱を表現したい、その日、特別に強調したい食材の料理もあります。

おいしさ、豪華さだけの中に京料理の姿はありません。京料理は別の価値観を作り出せるのです。料理人は制約の中で京料理を作り出すことに職人としての矜持《きょうじ》を持って、矛盾する根拠の定かでない、評価本に目を向けることなく、京料理の理念を見失なわず、錯雑《さくざつ》する現在の京料理を正しく名確な指標を示して後世に伝えることができるよう、今、この時代の京料理人に課せられた使命としてまとめていただきたいと願います。

　伝統をふまえながらも創意に富み、作意をもって品よく仕上げる。これは京料亭の料理長になることを夢にいだいていた料理人に共通する責務だと思います。将来に向けて京料理の定義を明確にして「礎」を築くことが、他国の料理、価値観にぶれることのない世界に誇れる「京料理人」と言えるのではないでしょうか。

　後には純京料理を継承する強い志を持った「真」の若者が続きます。

「京料理、調理師連盟」

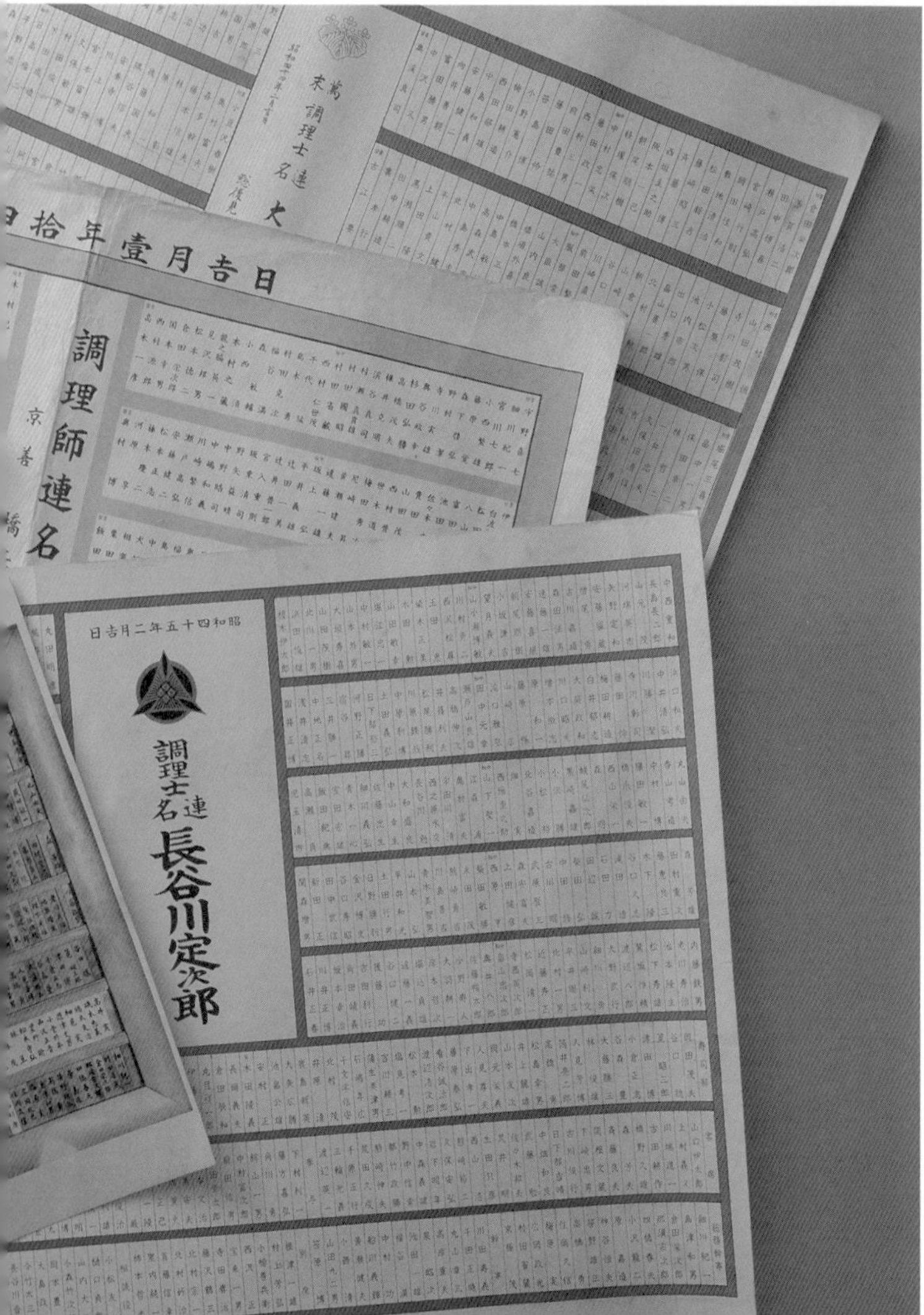

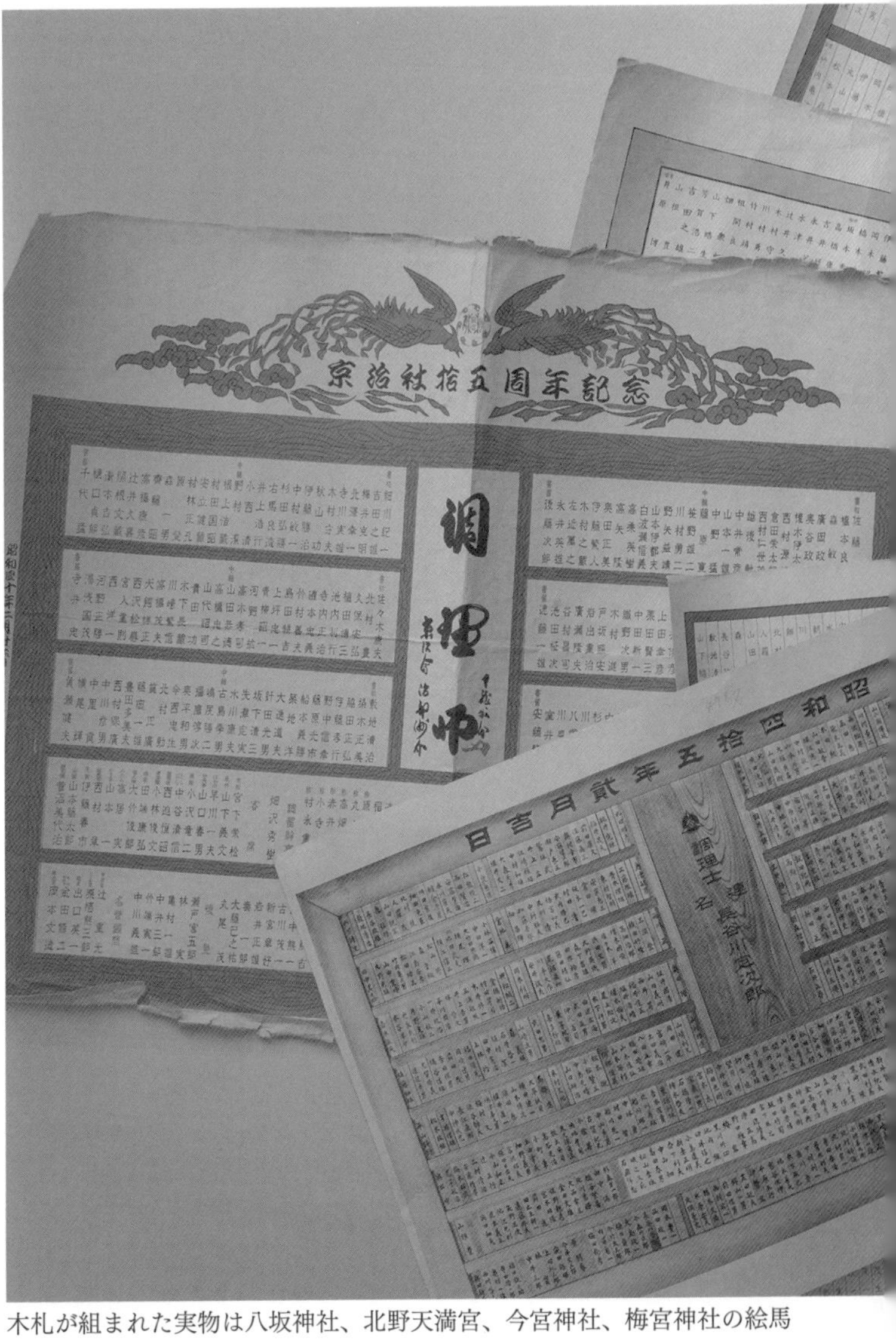

木札が組まれた実物は八坂神社、北野天満宮、今宮神社、梅宮神社の絵馬堂等々に奉納されている（昭和四十年写真）

京料理を考えることは食することを想像することから
京料理を食することは節度をわきまえることから

前編

第一章　京料理とはどんな料理

Chapter 1 What Kind of Cuisine is Kyoto Cuisine?

一　京都で食べる和食はすべてが京料理？

「京都で食べる料理はすべて京料理だと思っていた」

多くの人がそのように受け止めていることを知って驚きました。なるほど理屈としていえば、「おばんざい」や「居酒屋」の料理、「割烹」、そして「京懐石」もすべてが「京の料理」ともいえます。

例えば、京都で産出される陶器が「京焼」と呼ばれるように、同じ意味合いでいえば、京都の豆腐は「京どうふ」「京ゆば」、漬物は「京漬物」、つまり京都で作った料理ということになります。しかし、その意味合いでの呼び方は江戸時代に、京の料理、上方料理に対して江戸の料理との差異、区別をつけるためだけの呼称にすぎません。現在「京」のブランド名を冠する京料理とは、京料理屋独自の限られた料理でなければ、京料理とは呼べないでしょう。

※もともと、京豆腐、京ゆば、京漬物も原材料は京都産のものを使っていました。京焼と呼ばれる「焼物」も本来伏見深草の「土」で焼かれたものが始まりといわれています。

しかし、京都には陶器（食器等）に適した良質な「土」がなく、焼物の発展はおくれていた。それでも京焼と呼ばれる由来は、江戸時代初期、戦乱の世も少し落ち着き、武家、豪商、高僧、数寄者《すきしゃ》と呼ばれる人々が茶の湯を楽しむなかで、各地から腕のいい陶工を京都に呼び、京好みに指導をして器を作らせた。この折に陶工が各出身地の「土」を持ち込んで焼いたことから、唐津焼は「京唐津」また、「京薩摩」「京織部」として「京」の字の付いた焼物は良品な器として、茶の湯を背景に発展していきます。それらの陶器が「京焼」として文献に出るのは一六〇五年、また、京都では一七五三年（江戸中期）頃まで磁器物は焼かれていなかったといわれます。京焼には粟田、八坂、音羽、御菩薩《みぞろ》、清水焼等があったが現在は清水焼だけが残り、ほぼ「京焼＝清水焼」という形になっていると言われているようです。又清水焼には特定の技法、定義がある分けでもないとも聞きます。

さて、京料理もまったく同じです。海の食材、各地の名産品を使い「京」を冠する限りは、どの部分がちがうのか答えることの出来る料理に仕上げなければ世間の声と同じように、ただ京都で作る料理にすぎないことになります。東京、大阪の企業が経営する料理屋が増え戦後のように料理が入り混ざります。これらをも京都で提供していれば京料理になるのでしょうか、京焼（器）も京料理も雅やかさがなければ京物ではありません。

伝承と伝統――（一九〇頁参）

二　よく耳にする「おばんざいは京都の郷土料理」？

日本中どの地にも、「郷土料理」「古里（郷里）料理」「名物料理」があります。この三つは混同しやすいのですが、京都の名物料理はその地の名物というよりも、その店の名物といったものが多くあります。つまり入洛する人を意識して、「商い」としての食べ物に「名物料理」が多いようです。

一方、郷土料理はその地の中心部から離れた農村・漁村という田舎でとれた食材で作った日常生活の食べ物（地産、地消）が郷土料理です。「おばんざい」は、京都の中心部「都」の日常食、おかずです。町中から離れている地域には、その土地特有の風土食はありますが、京都には江戸時代から各地方の食材が運ばれられていました。それは京の「都」の郷土食ではありません。強いてあげれば根菜、精進料理でしょうか。

三　それでは、おばんざいは京料理？

「おばんざい」の語源は、江戸時代後期の『年中番菜《ばんざい》録』という日常のおかず献立集から番菜を引用したものですが内容の「番菜目録」の中に、当時としては贅沢な食材も多く含まれているところから見ると、町衆（富裕層）「おかず」なのでしょうか。現在の「おばんざい」と称される料理も決して郷土料理でも庶民のおかず、京料理でもありません。戦後、二十年頃から素人料理の店として始まり、その後、浸透して専門店化した、割烹店の「おばんざい」料理です。京料理と間違われやすいのは京料理の単品を「おばんざい」風に作り替えているからです。

※冷蔵庫もない江戸時代に一尾で二人分しか取れないタイの頭が日常の番菜とは考えにくい、特別な日の仕出し屋料理また、裕福な商人の番菜やもしれません。

四　どれが京料理、おばんざい？

◆アユの塩焼き
◆カニ料理
◆豆腐田楽
◆筍料理
◆川魚料理
◆スッポン料理
◆ハモ落とし
◆生ゆば料理
◆ニシン茄子
◆生麩《ふ》料理
◆タイのアラ炊き
◆アマダイ料理
◆ウナギのかば焼き
◆茄子《なす》田楽
◆芋、棒ダラ
◆京野菜料理
◆風呂炊き
◆かぶら蒸し

右記の料理はすべてが京料理屋でもよく出される食材、料理ですが、これらの料理も出し方次第で厳密には京料理とは呼べません。右記の料理は、川魚料理であり、専門料理、おばんざい店でも出される料理です。いわゆる「京の料理（食べ物）」です。京料理とするには、切り方、炊き方、焼き方、色、味付け、食べやすさ、盛り付けも含めてどれもが上品な都風に洗練されてこそ、初めて京料理屋としての京料理になります。

そして、これらの京料理を料亭の京懐石に取り入れるには「趣」を加えなければ茶懐石からの「懐石」の文字を当てている「意」を成しません。

いくら京都らしい食材であっても調理の仕方ひとつで、おばんざいにも居酒屋料理にも、専門料理にもなってしまいます。半面、大根ひとつでも炊き方次第で京料理になります。

このように基準、線引きのないことが京料理としての歩むべき方向性まで見失うことにつながっているように思われます。戦前と戦後では料理に対しての見解、価値観が大きく変わり現在の京料理としては出せない昔のままの料理も沢山あります。明確な線引が必要です。

料理屋料理の食材が、今は日常の食卓に並ぶようになり右記の食材等をいかにして料理屋で出せる料理に仕上げるかが職人の仕事になります。

五　「京料理」の見分け方は　魚っぽさを見せるか見せないか。

誰にも身近で分かりやすい京料理の、お造り（刺し身）を一例にして京料理を見てみます。お造りの、切り方にもひと工夫していることです。京都の料理屋では「そぎ造り」「細造り」といった切り方が多く、昔から若狭の一塩をした魚をお造りとして「いり酒」（梅酢醤油のようなもの）で食べさせていたことから、他の白身魚も、塩引き（一塩）をして梅酢醤油で食べさせるお造りが多くあります。

少しのこだわりが品のある京料理に変えます

タイの切り身を（次頁写真のイ）のように平造りで背出し（皮面が上に見える）にして出すのは関東風、魚屋さんのような切り方に多く、これは〝新鮮さを手早く〟とした切り方です。よくタイの姿造りとして盛り付けられている切り方です。

一方のそぎ造り（ロ）のような切り方は京風の切り方です。さらに背を見せるより（ハ）のように皮面を内に曲げて身出しにすることで、より京都らしく上品になります。このちょっとした事が大切です。

また、焼き魚、煮魚も基本的には身出しが上品です。特に川魚（ウナギ、ドジョウ、コイ）は顕著に表れます。逆に魚っぽさを出す場合は背出しが適していると思えます。

※特にウナギ・ドジョウ等の川魚は身出しにしなければ、見た目にも生臭そうです。少し焼き目もつけて。

今ひとつ、料理屋では使いにくい大根を炊いて京料理にする場合、きれいな形に切り出し一度柔らかく湯掻いて水にさらし大根の臭いを抜きます。家庭料理とはちがい、大根のくさみは京料理とするには相応しくないからです。そして、おいしい八方出し汁に鯛の中骨、干しエビなどを入れて炊きます。これを「移し煮」といいます。おいしいタイ、干しエビからでる出し汁を大根に、うつす炊き方です。味付けは大根を純白に仕上げるために塩で味を調えて少量の隠し味醂、微量の薄口醤油を加えます。一方で、別に味付けをした一切れのタイまたは、エビを添え、青菜と共に盛り付けます。後は器と感性次第で大根も京料理として生まれかわります。夏は冷やしで、あの庶民の大根が見た目にも美しく、上品な味となって口内に広がります。「冷やし大根の移し煮」（別名、氷室大根）です。

※目を閉じて味わってみて下さい。京味が見えてきます。

染付

六　京料理人が見る、京料理とそうでない「料理」の見分け方

何が京料理なのか、どのような料理が京料理ではないのか。ここでは料理人から見て、無難と思われる見分け方を少し挙げてみました。

京都は多くの食材を各地からの入荷に頼っています。もしあなたの地元の名産である魚菜類が出されたのであれば、その食材を産地の料理屋とは違う京料理風に仕立ててあれば、それは京料理です。食材をそのままではなく、いかに京風に仕上げるかで、京料理人の腕のよしあしが決まります。

では、その京風とはどのようなことかといえば、情緒ある「雅《みやび》やかさ」ということです。つまり風情があり「上品で、都風に洗練されている料理」のことです。素材を強調して前面に出しすぎていないことも一つの目安です。例えば、イクラや生ウニがたっぷりのっていたり、マグロのトロを売りにしている料理などは、品のある京料理とはいえないでしょう。

都風とはどのようなことで見分ければいいのか、気になるポイントを列挙してみました。

京料理の見分け方「京懐石の場合」非日常性を感じさせる料理

◆おいしそう、綺麗ではなく、上品さを感じる（京情緒がある）

◆切り口、長さが揃っている――（洗練された感がする）

◆料理の色、味、香りが濃くない――（色、味、香りに品を感じる）

◆食べられない、無意味な飾りつけが多くない――（飾りが少なく効果がある）

◆器、調理法、盛り付けににも雅味《がみ》がある――（上品な趣が見える）

◆食べられないウロコ、骨、頭尾、殻、皮は取り除いてある―（口内での違和感がない）

◆野菜の調理法にちがいが分かる（あおい物は青い、白いものは白い、色がきれい）

◆食材に産地色を感じさせない調理法になっている――（京風の技術が見える）

◆食材その物、おいしさだけを強調していない（食材に上品さが加味）
◆演出、趣向が「理」にかない突拍子《とっぴょうし》でない（料理に効果を成している）
◆献立の総合的な構成に四季の趣がある――（優美に洗練されている）

おおよそ以上のことを目安にすれば、京懐石の姿が、見えてくるのではないでしょうか。

（後編（一五九頁）京懐石の理念参）

また、料亭料理はカウンター料理、宴席料理を取り混ぜたような料理はしない。例えば座敷へ炊き立てのご飯を釜ごと持ち出して見せて回る・座敷で料理を作るといった座興的なことはよく考えて、あくまでも茶懐石にならう品のある京都の京懐石であるべきだと思うのですが、その日のその席に合わせて…。

※タイ、アユの頭尾つきを五右衛門焚きのように、釜ごと見せるのも品の良し悪しから見れば考えものです。（骨は別に出汁だけを取り、釜の中は上身だけで）。

七

京料理 心得帳
「昔の職人はこのようにこだわっていた」

「春」

◆春野菜、おいしく炊いたら春が飛ぶ（一二八頁参照）

春野菜の苦味を抜いてしまったり、味を付けすぎると春らしさが飛んでしまう

◆筍《たけのこ》は筍の味で食べさせろ〈調味料の味を感じさせるな、美味しい出しけで十分〉

料理屋で使う筍は朝掘りなので甘味も十分、味を付けすぎると筍の香り、うま味がなくなる

「夏」

◆ハモが食べたきゃ夏来るな（八二頁参照）

本当においしい季節は脂がのった秋で、真夏のハモは味覚的には劣る（六月、七月中旬はあっさりとしたおいしさ）

◆夏野菜（菜っ葉）色、出汁《だし》、歯ざわりが生命線

夏野菜は緑色、食感がないと、さわやかな味が半減する

「秋」

◆秋ふかし、料理人の腕いらず

何をどのように食べてもおいしい季節、手を加えすぎないこと

◆京野菜、根菜を、うまく炊けなきゃ京を去れ（九〇頁参照）

野菜料理の下手な者は京料理人ではないと、こだわった

「冬」

◆かぶらはやさしく料理しろ、かぶらは純白なもの、色を付けると品がない（九二頁参照）

かぶらは大根と違い、品が大切。特に白い色が生命線

◆伊勢エビをそのまま出せば伊勢（浜）料理（一一九頁参照）

◆湯豆腐をおいしく食べたきゃ、酒呑《の》むな

湯豆腐の煮上がり（食べ時）と日本酒を飲むペースが違うので目を離すな

◆冬の客、ゆっくり食べたらきらわれる

料理は作りたてが一番。すぐに食べてほしい料理人の思い、熱い内に

「時知らず」

◆生ゆばは煮すぎるな、甘く炊いたらゆばが泣く

生ゆばを煮すぎると締まってくる。甘味を付けると生ゆばのおいしさがもったいない

◆短気なやつは煮炊き下手、気長に炊けば客帰る

煮炊きはじっくりと、料理人は手が早くなければいけない

◆焚き合せ好む御仁に気を付けろ

京料理修業で煮炊き物（焚き合せ）の味付けは最も難かしい、口が肥えているを言い当てた

◆川魚を今さらどうして袖にする（二一八頁参照）

魚といえば川魚しかなかった京都、どうして海の魚ばかり使って京料理とするのか

◆白身魚はうすく炊け、青背の魚は深く炊け（六六頁参照）

白身の魚はうす味で、青背の魚はじっくりと芯まで味がしみるように

◆魚、炊くときゃゆっくりと、魚のうま味をころさずに

◆魚、焼くときゃ早く焼け、魚のうま味をとじこめろ（二一四頁参照）

◆個性ある名産物は控えめに、品よく使って京料理

◆旬ものを旬に出すときはひと工夫

料理屋は一般的に出回る旬より一足早くから使い始めるので旬に出す時にはひと工夫

継承、知新、改革、進歩　京料理の指針を見極める

前編

第二章　京料理の歩み

Chapter 2 History of Kyoto Cuisine

一 ——「京料理」の名称はいつから、どのようにして生まれた

「京料理」という名称は昔から使われていたわけではありません。日本料理（和食）という呼び方も、江戸時代に西洋料理が入ってくることによって、外来との違いを明確にする意味合いで「日本料理」「和食」と呼ぶようになったもので、その定義も曖昧で区別の仕様がありません。

同じように、「江戸の料理」「地方の料理」に対して「上方の料理」「京の料理」など、差異として用いられていた程度のもので、料理自体の「用語」として確立されてはおりませんでした。大正時代から昭和初期にかけての関東大震災や先の大戦による首都壊滅の影響で、この折に多くの料理人が仕事を求めて関東から関西に入り、戦後の復興・高度成長期には、逆に関西から関東へと料理人が移りました。この時期は多くの料理人が職を求めて、また腕を磨くために各地へ旅に出た時代でもあります。

　そんな時代を映したのでしょうか、昭和二十九年、丹羽文雄の小説『庖丁』が出版され、テレビで放映もされました。三十五年には流行歌・藤島桓夫が〽包丁一本　さらしに巻いて

旅に出るのも板場の修業〽と歌った「月の法善寺横丁」（作詞、十二村哲）がはやっていた。料理人皆がまだ高げた姿のいでたちで腕を競い合い、労働時間云々《うんぬん》を口にすることもなく、技術を身につけることに目が血走っていた時代です。（どの職業でも良くなりたい、一心不乱の競争の時代）

カウンター割烹の店も年毎に増え関東、関西の料理人、仕事（料理）が入り交じる中で、「東京、大阪、京都」三都の料理人のプライドがぶつかり合って「料理」に対しての差異が意識され、京料理人の間でも独自性を強調するために「京料理」の用語が単品料理にも口語として使われるようになり、定着したと聞いています。決して江戸時代から言い習わされた用語ではありません。戦前・戦後になって一般的に京料理として強調され使われるようになった言葉です。

私が大阪で修業時代の昭和三十六年頃はまだまだ「京都の料理はきれいで」と。「の」の助詞が付いて話しをしていました。

ここで、もう気付かれたと思いますが、京料理が大戦の前後から意識を持って頻繁に交わされるようになったとするなら当然、京料理の定義も基準もいまだ確立されていないことに説明が付きます。

江戸時代末期、江戸では次々と新しい食べもの（天ぷら、パン、今川焼、西洋料理）が登場、そして、明治、大正、昭和時代と激動期に庶民の食文化は第一次食文化変動期として動き始めました。戦後になり一気に第二次食文化変動期へと加速します。時代の変遷の早さには料理屋、料理人の意識改革、技術、成熟度がおぼつかない、昔の名物料理に洋風料理を取り入れるといった混乱の中、「京料理」のブランド名だけが定着しているのです。第三次食文化を前に自由奔放な料理に、京料理の名を冠することにピリオドを打たなければ今後、永遠に真の京料理の「御旗《みはた》」を世界に掲揚《けいよう》できなくなるでしょう。

※明治時代「京料理」展示大会が開催。大正六年発刊の料理機関誌「京料理の栞」に「京料理」の文字が登場しますが現在とは少しニュアンスがちがいます。この時代は大阪料理に対して職人の中でのみ意識されていただけで定義も確立されていなかったのでおそらくはタイトル上使われたもので、料理屋が京料理として打ち出し庶民にまで広まるようになるのはもう少し後だと思われます。

※料理屋の料理、調理法を「京料理」として地名でよばれるのは京都だけの特異性だと思われます。東京、大阪、北海道、沖縄料理などはその「地」の食材を名産品として出す料埋で、その多くは調理法ではありません。京料理としての調理法は大変重要です。

酒肴《しゅこう》（春）　**器・**香合風珍味入れ　蕗《ふき》の薹《とう》（自作）

（春香和へ）

◆生麩、蕗みそ和へ

もうそこまで来ている「春」
ほろっと苦いフキノトウ味噌で和《あ》えた料理
この料理は京懐石の終盤に出す料理で
もう少しお酒を楽しみたいときの
ちょっとした口替わり（箸休め）です。

——酒肴（二一六頁参照）

二　知っていましたか？　京の名物料理と京懐石料理の違い

京料理は伝承料理、伝統料理

将来を見《み》据《す》えて京料理と京の名物料理は別の料理であることの整理しておかなければなりません。国内外の人にいまだ京料理の説明が明確にできないことの要因でもあります。

京都には「都」へ入る街道沿い、お寺や神社の門前などで江戸時代から現在も受け継がれ、守り継がれている茶屋の名物料理があります。名物の多くは川魚、豆腐、精進料理、若狭物といった専門料理になります。一年中同じ料理を提供しているので京料理にとって最も重要な季節感はありません。例えば季節ごとに形や彩りを変える「京上生菓子」と、年中名物として変わらない八ツ橋、焼き餅、みたらし団子、羊羹《ようかん》といった「京銘菓」との違いと同じで、この名物料理と京料理は別の料理です。食材の少なかった江戸時代に工夫して考え出された名物料理は当時、京都の代表的な料理でしたが京料理と呼ばれていた訳ではありません。現在も、この名物料理を会席に組み込み、特徴を出したものを会席料理としている場面もありますが豊富な海産物が入荷するようになり、素材としての価値観がうすれ、京料理としても使われることが少なくなりました。一方、現在の京懐石は、戦後を「機」に伝統の会席料理、茶懐石を軸にして派生し大変革した料理です。名物料理を京料理として位置づけしているといつまでも足かせとなり抜け出せません。巻頭のとおり、京懐石にとって、季節感、洗練された美意識は大変重要な要素です。江戸時代からの、京名物料理と戦後の京料理、京懐石の違いを正しておかなければ今後、永遠に京料理としてのまとまり、定義付けを見ることはできず曖昧《あいまい》なままになるでしょう。古くからの料理がかならずしも現在の京料理と呼ばれる料理に則するものではありません。伝承と伝統、名物が入り混ざる京料理に線引きをしなければ矛盾が生じたままで諸外国に向けて明確な発信ができません。伝統を時代に添って改革していかなければ京料理の「真」の発展は望めません。

例えば、百年以上継承されている料理屋の名物料理を「京の伝統名物料理」と定義づけ、それを「公」により承認されれば「京料理」と「京の伝統名物料理」を両立させて、看板を掲げることができます。そうすることで京の食文化をより明確に発信できると思われます。

伝承と伝統――（一九〇頁参）

三　京料理の歩み、日本料理の分岐点

現在、京料理と呼ばれている料理は、今日のどの料理を指しているのかをもう一度、整理しておきます。京料理の名称は会席料理だけを示しているではありません。京料理屋で出される上品な料理すべてのことです。

京料理屋の歴史を略図で見ると、おおよそ「精進料理」「本膳料理」「茶懐石」を母体として派生し、実は、戦後会席料理が三業態に分かれたのです。この三業態の料理を一言で京料理としてきたことで京料理の説明が明確にできないまま現在に至っているのです。海の遠い京の都で培われた京料理の根本が文明開化と共に大きく変動。情報の錯綜《さくそう》が現在につながる京料理の歴史を分かりにくく、今日なお纏《まと》まりのない京料理にもしています。後編成り立ち図では、おおよそ江戸時代から現在につながる京料理の系譜が見えてきます。

――京懐石料理成り立ち図（一四六頁）

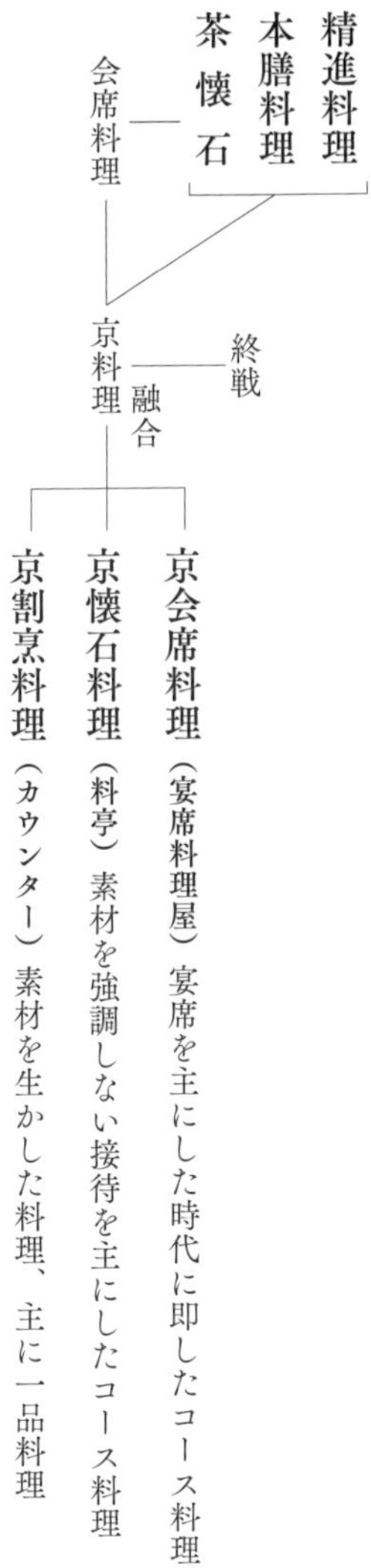

「会席料理」「京懐石料理」「割烹料理」の歩みと内容

「京料理」と、一言で呼ばれている料理が、実は戦前戦後百年を通して「京会席」「京懐石」「カウンター割烹」の三つの業態に分かれたという事実を前提として読み進めていただければ理解されやすいと思います。昭和時代初期頃まで「会席料理」と呼ばれていたコース料理は、大正時代の関東大震災、第二次世界大戦の大空襲により東京が崩壊し一変します。その後、復興に伴い、高度成長、流通革命、女性の社会進出、欧米食文化の影響を受けて、京料理のみならず、日本料理全体にも料理文化（食文化）の大革命が起きたのです。現在に至る日本食文化の分岐点になります。

※「飲食営業緊急措置令」

戦後の食糧難の時期、米国に食糧援助を受けるにあたり昭和二十二年（一九四七年）に政令が出た。外食券食堂、旅館などの許可された店以外での商売、米を売ること食べさせることも一切禁止になった。酒類の自由販売も同様。違反した業者には懲役三年以下、店主だけではなく、客にも一年以下の懲役か一万円以下の罰金と、当時としてはとんでもない額のお金を課した。二〇二二年現在、新型コロナ「緊急事態宣言」とはまるで別次元とも言える措置令であった。終戦、焼ヶ野原、食糧難、経営者としては生き残るあらゆる法方に少しの光でも見える方向へと、この時期に料理屋、料亭が旅館を兼ねた料理（割烹）旅館に姿を変えた。それまで旅館の泊まり客は仕出し屋から取り寄せているところが大半であった。この政令も二年後（昭和二十四年）に廃止となり、東京ではビアホールも復活、その後三十年代を向かえ京都にも豊富に食材が入荷するようになった。その頃から「京料理」としての名称も意識し始める。

京都ではこの変化を「機」に料理屋が大きく三業態に分かれて発展することになります。江戸時代の様式を残していた「酒宴」の「会席料理屋」も、「宴席」の「京会席料理屋」に変わり、そして一つはその後の流通革命によって豊富な食材が入荷するようになり、女性にも好まれるように「趣」のある「京懐石料理屋」に変化、さらに会席料理屋で修業を重ねた料理人が会席料理の一品、一品を手軽に食べさせる料理屋として「カウンター（板前）割烹料理」

という新たな業態を開拓していったのです。この頃から料理人の間で単品料理を含めて、料理屋料理全般にも「京料理」の名称が使われ始めました。

この三店の料理内容は京都の伝統的な調理法を継ぎながらも、厳密にはまったく違った料理の提供をしながら発展してきました。それぞれは京料理ではありますが、内容と趣旨が違います。それぞれの料理を区別せず、一つに京料理として呼称し捉《とら》えてきたことで修業をしている料理人も、食事される方、メディアまでもが、その重要性をも把握できないまま評価し判断してきたのです。

これら三業態の店で働く料理人は各自が京料理を作っているという意識を持っています。また各店を京料理人として回る（店を移る）料理人もいることからも、この三業態の料理が現時点では同じように、同義語として、「京料理」とひとくくりに呼ばれていることは明確です。

四　京料理の特徴とは、他府県との違いとは

京料理の特徴を一言でいうことはできません。それは先にも述べましたように京料理が戦後を機に三業態に分かれたからです。しかし、それぞれ上品な京料理に仕上げることは共通の要です。

文化文政の頃、江戸は大名のいる武士の町、大坂は商人の町、そして京は公家や寺院、茶人の影響のある町として発展。明治、大正といった時代までそれぞれにふさわしく、江戸は「粋で豪華な料理」、大坂は「おいしい料理」、そして京は「上品な料理」と三都違った食文化の時代があったと思われます。食材においても江戸前（東京湾付近）でとれる魚、大坂では大阪湾でとれる魚と、いずれも鮮魚を使うことができましたが、京は若狭の一塩した魚しか入手できません。その限られた食材の中で都風にひと工夫し、上品に京らしさを残していたと思われます。しかし、戦後の流通革命により全国同じように食材がそろう時代になり、京料理人も遅れじ、負けじとばかり海産物を使うことで他府県との差別化がしにくくなりました。したがって、各地の豊富な食材から京料理にふさわしいものを選んで伝統的な料理法とつな

げていかに上品な特徴ある京料理に変えることができるのかを見直すべきです。
つまり京料理とは素材を品よく食べやすく仕上げる調理法「節度ある雅やかな料理」にあるのです。食材を洋素材に求めれば限りなく料理はできますが、それは京料理ではありません。先人が守ってき来たことを軽々にせず、もう少し苦労してからでも、このことは職人でしか理解できない気風なのでしょうか。

コラム

ぶれない姿勢

京料理を看板に掲げて伝統の京料理、京料理と「お題目」のように唱える料理人も多い。斯《か》く言う私もその一人にすぎないが、影響力のある方々が洋素材、料理を取り混ぜて京料理云々《うんぬん》を語る都合づかいに、若い料理人が戸惑いはしないのでしょうか、日本料理ばなれをして洋風料理人に憧れることもうなずけます。流行《はやり》、先端、改新といった情報の解釈を取りちがえずに、ぶれない姿勢こそが京料理と他府県とのちがい、特徴を誇示するのでは・・・。

よもやま話　織田信長と京。三好家の料理人

信長と京、三好家の料理人とのこんな有名な挿話があります。

永禄十一（一五六八）年、信長が捕虜にした京都、三好家の料理人、その料理人の腕がいいということで、試しにその料理人に料理を作らせるように命じたところ、水っぽくて食べられない。「そのような料理人は殺してしまえ！」と怒った信長に、料理人が「もう一度だけ作らせてほしい」と願い出て料理を作ったところ、今度は大そう気に入ったという。後でこっそり料理人にその違いを聞いたところ、初めに出したのは京。三好家の薄めの味付けで、二度目に出した料理は濃いめに田舎風の味付けにしたという。

味付けに優劣をつけるのではありませんが、この話の中で薄めの味付けと濃いめの味付けの違いが想像できます。もちろん、薄い味は素材本来の味を残します。しかし、食べ慣れていないとまずいと感じます。一方、濃いめの味付けでは、調味料の味を先に感じてしまい、素材本来の味をころしますが、一般的にはおいしいと感じる味付け

です。この時代にも上品な薄めの京風の味と濃いめの地方との味の違いが分かります。このように味の好みは武士のように肉体労働をしていた者や土地柄で大きく違います。現在も同じことがいえるのかもしれません。

——料亭の味について（一六八頁参照）

楽焼割山椒

五　京の味付けとは、いったいどのような味…？

「**味のきめては塩**（醤油）**と隠し味醂《みりん》**（甘味）」。

京料理の味付けは一般的に「薄味」と思われていますが、すべてが薄い味というわけではありません。素材の持ち味をころしてしまうようなしっかりと濃い味付けではなく、素材を生かす味付けをすることです。

そしてもう一つ重要なことは甘味を控えめにすることです。**甘味は素材に味を付けて**（おいしく感じさせて）**食べやすくしますが**、素材の持ち味をころします。おいしさを引き出しているのではありません。

一方、**塩**、**醤油は素材のうま味を引き出し**ます。

魚に砂糖をふっては、生でも、焼いても食べられません。しかし、塩、醤油を付ければ、生の刺し身も焼いた魚もおいしく食べることができます。おいしさを引き出しているのです。

野菜もまた同じです。砂糖をふっては食べられませんが塩をふってならおいしく食べられます。煮炊きする場合は、醤油に出汁が加わり、醤油の「角」を取り、味に丸みを付けるために少量の味醂を加えます。このことを「隠し味醂」といいます。甘味を感じない程度でないと隠しにはなりません。

甘味がおいしいと思うのは子どもの味覚感になってしまいかねません。また素材のおいしさが分かりにくくなり要注意です。

味付けの中でも京懐石の「椀物」は、季節感を伝える大変重要な料理です。お椀の蓋を取った瞬間に季節を感じさせることが大切になります。ひと口目はうすく、具材と共においしさを感じます。

これを「返り味」といいます。うどん、ラーメンのように一口目から「旨《うま》い」では後がありません、ゆっくりと返ってくる味を探しながら季節を感じて楽しむ味です。この味は「京味」と言うよりも「京懐石の味」の方が的確でしょうか、奥深くて一口目が楽しみになります。料理は五感（五覚）をもって「味わう」と言われていますが、京懐石にはさらに重要な要素として心が豊かになる。心が覚える味があるように思います。五感をとうして認識し、もっとも最後に心で感じる大切な総合感覚です。

※京料理の味付けも大きく変わってきたようです。料理人が日常濃厚な物を食べるようになり濃くて複雑な料理をも気に留めない料理が増えてきたように思えます。

■京都の煮魚の味が濃いのはなぜ

「白身魚はうすく炊け、青背の魚は深く炊け」

京都の味付けは薄味といわれているのに、どうして煮魚の味付けは濃いめなのか。前項の「京味」に反することになりますが、一説に次のようなことが考えられます。川魚の飴《あめ》煮、ニシン、棒ダラ、鯖《さば》味噌煮、タイのアラ炊きと京の煮魚すべての味付けが濃いめになっています。魚といえば、天然物の川魚しかなかった京都、魚がとれる場所によっては、泥臭くてその臭い消しにショウガ、ネギ、梅ジソ等の香り物を入れて甘濃く炊くことで、泥臭さを紛らわせる、また日持ちがする知恵からでしょう。また、当時は甘いものが好まれた。海の魚が庶民的に入荷し始めたと思われる昭和初期、魚の鮮度もあまりよくなかったため魚の臭みを取るために霜降り（熱湯に一度くぐらせる）をして、表面に付着している汚物、生臭さを取り、川魚と同じように香り物のショウガ、ミョウガを入れて甘濃く炊いていたことが、今日まで残っていると思われます。新鮮な活魚《かつぎょ》が入荷するようになった現在でも濃いめの味付けをしている店は、そのような時代からいち早く海の魚を使っていた店で、切り替えずにその味をそのまま、店の味として継承されているのかもしれません。

しかし、職人が包丁を握る店では京味にこだわり、活天然タイならばタイの特長でもある、きれいな赤み色をやや残し、調味料の甘味を控えめにして、タイそのものが持つ甘味、旨み、持ち味を生かした炊き方にしています（甘みが素材の旨みより勝ってはいけない）。もちろんゴボウなどを使わずに、ウド、京野菜を使い味を変えて京風に仕上げています。甘味、濃い味に慣れてしまうと、なかなか抜け出せません。魚の鮮度も良くなり素材のおいしさを味わうのなら、味を濃くするといった調理をしない方がいいでしょう。ご飯のおかずの味付けになってしまいます。

一度、京の割烹店で活魚の煮魚を召し上がれば、魚のうま味が分かるおいしい煮魚が味わえるはずです（青背の魚「ブリ、カツオ、サワラ、サンマ、イワシ」といった青魚は身に甘味がないので白身魚より少し甘いめの食べやすい味付けをします）。

一人問答　心に残るまず味？

私は兵庫県の生まれで十五歳から、岡山、神戸、大阪の料理屋を経た後に、十七歳で京都の料理屋に住み込みの丁稚《でっち》として入りました。仕込みも一段落したお昼ご飯の時、まかないのおばさんが私を覗き込みニコニコしながら孫にでも話すかのように「おいしいやろう、京都のおかずやで」、その時のおかずがまずくてまずくて、どうして京都の人はこんなに味も付いていないようなまずいものを食べているのだろう、もちろん口には出せず、いやいや食べていたことを思い出すことがあります。「生節と焼き豆腐、フキの炊いたん、ウリのおつゆ葛《くず》引き、おひたし、高野豆腐、菜っ葉煮、切り干し大根等々」とよくよく考えると精進物が多く、たまの生節は木クズを食べているようでした。ウリは漬物にするものだと思っていました。どれを取ってもおいしいと思うものはなかったのですが、おばさんにはおいしく食べているように見えたのか、十代の私にはただお腹がすいていただけだと思う。

しかし、その後、歳《とし》を重ね京都の味にも慣れたのか、ふと、丁稚時代のあの味が、甦《よみがえ》るときがありました。その味がなぜか不思議なことに上品で安らぐ癒やされるおいしさとして甦るのです。思い出はまずいものですが、思い出す味がほのぼのとやさしい味です。おいしかったと感じられるのです。ああ、それが京都の味かと、つくづく思い返します。観光で京都に来られた方々も食べたときには、おいしいと感じなくてもきっと、三年後、五年後には必ず、ふと、おいしかったなと、懐かしく思い出されることでしょう。

味というものは自分の味覚に合ったものを良しと決めがちですがその地の歴史から生《な》る味も味わってみるのも、どうでしょう。（山村《さんそん》、漁村、都会、都）それぞれに。

心に残る味。その味は濃い味ではなく、上品な薄味です。ほのぼのと甦ってきます。都の「まず味」を逆に楽しみながら味わってみてください。前頁の「心覚」やすらぎ、安心感、京情緒があります。京料理はおいしさより上品さを味わっていただきたい。京料理人としては軽い昼食も、まずは京味の食事を味わっていただきたいと思います。

六　京都らしさと京料理の価値観

もののよしあし、おいしいまずいも、育った環境により価値観もまったく違うことは、信長と三好家の料理人の話でも知ることができます。両者それぞれ本人の満足感次第、つまり主観で結論づけられます。現在の多くの人が、美術工芸品などにあまり興味を持たない、価値観の対象にしないように、料理に対してもまた、自分がおいしいと思うのが一番で、それ以上に深く考えない人が大半でしょう。

田舎家の襖《ふすま》絵に龍虎の大きな絵、山水画などが描かれているのをよく見かけます。一方、京町家の襖には、比較的小柄な文様が多くみられます。価値観の違いがあるので、よしあしの判断はつけられませんが、どちらが都会的かといえば、間違いなく小柄な文様だと思います。

料理も、どのような料理が京都らしい料理かと問われれば、近海物の小魚を一尾、姿のまま焼いたり煮たりして出すよりも、食べよい切り身にして、ひと工夫した料理が京料理です。さらに品のいい「趣」を加えるのが京懐石になります。高価、豪華と龍虎の襖絵のように目に飛び込んでくる料理ではなく、心落ち着く料理とでもいうのでしょうか、そのことからみても京の料理屋が今もって大名料理のような伊勢エビ、カニといった食べにくい殻付きの料理を出しているのは、どうなのでしょうか。とても「都」の料理とは思えません。

後編でも取り上げますが、現在の料理は、公家、大名、武士、商人、庶民にいたるまでの、あらゆる食事が入り混ざっています。これらの料理をどう上品な京料理にまとめ上げるかです。

つまり、どう豪華においしくするかではなく、どう品よく食べやすく仕上げているのか。価値観をどこにおくかはお客様次第です。

大切なことは当日の食事目的によって業態を選ぶことです。けっして、京懐石で食材、満腹感を求めないことだと思います。料理人もまた、とり混ぜた料理をしないことで特徴を出せるのではないでしょうか。

世界中の料理が入り混ざり、食べることの満足感にばかりに目が向いています。京懐石では別の価値観に気づいていただくと、楽しみ方も広がると思います。後編では職人の本意が見えてきます。

素材を変える枝葉の料理が新しい料理ではなく
太い幹から出る芽が新たな主枝の料理に

前編　第三章　京料理と食材

Chapter 3 Kyoto Cuisine and Ingredients

一　気付かないうちに京料理人の落とし穴

現在の「京懐石」と呼ばれている料理の歴史はまだ浅く、緊急措置令（五八頁）後の旅館料理が後を引き、こと戦後における料理文化の考え方が整理できないままあらゆる料理が混在しています。時代の速さ、情報の広がりのスピードに京料理としての成熟度がついていけないままおいしさ、贅沢《ぜいたく》な食材の使い方だけが先行しているようです。

鮮魚の入手が乏しかった戦後までの長き年月の反発なのでしょうか。とかく豪華な料理に執着しているようにも見受けられます。

その要因の一つには、食事をされる方々が、贅沢な食材を使った「高級料理」を求めているからではないでしょうか。他業種の高額料理と同じ価値観で判断しているようにも見えます。一方で、若い世代が「作家料理」のように新しいことを試みるのは、いつの時代も同じですが、よくも悪くもメディアの「ネタ」として持ち上げられてしまう。ブランド化した京都では、後に続く若い料理人、料理屋までもが広く、浅く、面白くと洋風まがいの料理に走ってしまうことになります。それこそが、京料理人の落とし穴となります。

料理人は、目立ったおいしさよりも、まず食材をいかに品よく仕上げるか、いつも変わらぬ安心な京料理を提供するかといった心がまえを、一番に持たなければならないと思います。基本を整えてから、そこから新しい料理が見えてくるように思えます。新しい料理を考える時は常に一度、京料理の原点（基本）に戻らなければ指針を見誤ります。

調理の基本とは、これまで先の料理人たちが数えきれないほど繰り返した経験の蓄積の中で一番いい、完成度が高いとして受け継がれている調理法に基づいていると理解しています。すべての料理の基礎となり、その基礎の「是非が見えるまで」。どれだけ反復したかで、外連《けれん》味《み》のない本物の料理が生まれるように思われます。

真の京料理人を志す者は修業中には他国の料理、食材をあまり見てはいけないと思います。まだ良し悪しを分別する意識、成熟した判断力がないので方向を見誤ってしまう。アレンジはすぐにできます。京懐石を修業するということは、ひとつの「型」を習うような面があります。決しておいしければいいというものが最優先ではないからです。伝統を継承することは、日本料理の良さに立ち帰り守りながら改革し進歩することだと思われます。

つまり大根も（四〇頁参）調理法次第でこんなに上品にできる根菜だったのかと気付く方が大事な発見です。

二 京料理に洋風食材が出てくるのは、どうして？

洋風の素材に手を出すことは職人として「逃げ」だと言われていたのは、戦後、第一時期、洋風料理の流行《はや》りも過ぎた昭和四十年代頃でしょうか。料理屋でしか手に入らなかった食材が、スーパーに行けば手軽に買える。しかも料理屋より早く年中並んでいる。料理屋と家庭とに食材の違いがなくなってしまったのです。そうなれば、また、珍しい洋素材に手を出したくなります。いわゆるこれが「逃げ」といわれるものです。日本の食材を工夫して料理を考え出すのが腕のいい職人だと仲間内ではいわれ出した頃です。

その一方で、使っていないことを、古い、遅れているともいわれ、洋風っぽい料理を一部取り入れることが新しい感覚と前衛料理のように持ち上げられる。そんな時代から半世紀、和食がユネスコ無形文化遺産として注目されると途端に、今度は伝統の京料理と変わります。まずはホッと一安心、と思っていたのですが、またまたくり返しているようです。京都はとかく新しいものを取り入れることを称賛する傾向があるようですがお客さまが求めるのでしょうか、メディア好みなのでしょうか。

もちろん洋素材では日本の風情を感じさせることはできません。

京懐石は世界の料理を相容《あいい》れない、共存できない特異性があると思います。科学、音楽、あらゆる芸術のように洋風文化を取り入れて成り立つものではありません。京都は千年王城の地として政治、文化の中枢であり、貴族、僧侶とそれをとり巻く人々の住む土地柄として栄え生まれた料理です。その「都」の料理としての歴史があります。綻《ほころ》びだすとすべてが壊れてしまいます。どのようにうまく洋風を取り入れた料理でも京懐石としての生態系が変わってしまいます。そのような料理をいくら発信してもけっして世界に誇れる京料理にはならないでしょう。世界中の料理を食べつくす、日本国民の旺盛な食欲の是非は別としても京料理人までもが綯《な》い交ぜな料理に無頓着では取り返しのつかないことになってしまいます。

変わったこと、面白いこと、目立つ料理と、枝葉の料理は誰もが試みることですが**京料理に根をおろす老功の料理人は幹を太くするためにさらに掘り下げて道標となる京都らしい料理を考えるべきかと。**

一国の将来を予測する場合、その国の食文化に情緒、品格があるか、ただ単においしいとした満足感に判別をおいている国では、その国の将来像は精神的肥満度の高いだけの姿でしょう。高額な洋食材を取り混ぜた料理がけっして誇れる食文化ではないでしょう。

三　京料理と海の魚「吟味魚」「京魚」

山に囲まれた京都で、新鮮な海の魚の入手が困難であった江戸時代から明治、大正、昭和の戦前頃までの背景での説明は食文化史専門の先生にお願いし、ここでは戦後に多くの海産物が京都にも届くようになり、京料理が一変したあたりから海の魚と京料理の関係を見ていきます。京都では、どのような食材を使ってもいいと言う訳にはいきません。

戦後、あらゆる海産魚類が入荷するようになり、東京、大阪に比べて魚料理に後れを取っていた京料理人は飛びついたことでしょう。数多くの魚の中から京料理として使える魚が選ばれ、淘汰《とうた》されていったことが、戦後、発刊の料理機関誌からも見て取れます。私の丁稚《でっち》時代（昭和三十五年）から、使われていなかった魚も多くあるので、料理長になってから試しにいろいろと変わった魚も使ってみましたが、しょせん目新しいだけで、とてもおいしい上品な味には程遠いものでした。先人の厳しい魚選びは間違っていなかったのです。決して試さなかったのではなく、選択したのです。若い人が京料理として、変わった魚を使うときは要注意です。もちろん京料理のイメージを壊さないように挑戦してみるのはいいことですが……。

ここで今後、最も重要な問題が起きてきます。現在の料理人の味覚基準が変わってきたことに伴い、各地方から京都へ修業に来てそのまま京都在住となった料理長が料理を作る場合のことです。本人が成長過程で育った環境が魚の豊富なところで個性的な魚、「クセ」のある魚も食していたとすれば、それらの魚を美味としてとらえ京料理として使う心配があります。そのようなことが長期的に浸透すれば、外来種によって生態系が変わっていくように京料理の根本が変わってしまいかねません。そのためにも食材の制約も必要となってきます。さしずめ、京料理「吟味魚」といったところでしょうか。

一見使えそうで、「京魚」としてでは使いにくい魚介類を少し挙げてみました。

ボラ、イトヨリ、マグロ、ミルガイ、シタビラメ、ハマチ、チヌ、イサキ、サザエ、ホタテ、ワカサギ、ナマコ、アンコウ、キンキ、ハタハタ、ノドグロ、クエ、毛ガニなど個性、産地色の強すぎるものは要注意です。（個人的見解）

これらをどう上手に使うかは洋素材を使うことよりも重要課題です。

「青魚の能書きは言うべからず」安くて生臭い、料理屋の格が落ちると敬遠されていた時代もありました。

四　なんでも京料理が一番？
――京料理人は海の魚料理は苦手だった

近頃の日本料理を見ていると、どうも全国的に京料理のまねをしている。そのように思っている方々や、若い料理人も多いように見受けられます。

それは、料理雑誌が京都を取り上げる頻度が高い（多い）だけです。魚料理は大阪が一枚上だとされていた時代もあったのです。

いや、いや、きっと大阪の職人は今でもそう思っていることでしょう。京都が本格的に海の魚を使い始めたのは戦前、戦後頃からでしょうか。当時の京料理機関紙（俎友会《そゆうかい》会報、昭和二十八年）を見ると、刺身は白身魚が主流でそれも限られた魚しか使っていません。まだまだ青背の魚は虫が多く腐るのが早いので敬遠されていました。私は丁稚時代に大阪でも修業していた経験上、京都の料理人は魚料理はあまり上手でないように思います。大阪は、手捌《さば》きがいい、手なれている、捌き方にも、海の魚を多く使ってきた歴史を感じます。出刃包丁、刺身包丁の使い方は大阪が一枚上、薄刃包丁（菜切り包丁）は京都でしょうか。しかし魚を丁寧に、大事に使うことにおいては京都かもしれません。野菜ともうまく組み合わせた料理にするのは得意です。古い職人の知恵が引き継がれています。

地方が京都のまねをしているのではなく、京都が各地方の名産料理を工夫し、京風に置き換えて京料理としているのです。いまだに京風にしきれていない魚もたくさんあります。

くれぐれも鮮魚を前面に出して、高級料理とするのが京料理でないことだけは、食事をされる方々も認識しておいていただきたいと思います。出された魚が京のブランド名を冠するにふさわしい京魚なのか、京料理になっているのか、そのような目線でも召し上がってみてはいかがでしょうか。観念が変わるかもしれません。

少し厳しい目で……。食材だけに目を向けているとおいしさだけの料理になりかねません。

※京都が海の魚料理に後れをとっていたことは、海産類を名物とした老舗が無いことをみても分かります。それに比べて川魚を名物としていた（ナマズ屋、アユ屋、コイ茶屋、ウナギ、スッポン等々）老舗の一部は今もあります。

※鍋物の料理になりますが京都でも沖ちりを出す料理屋は沢山ありますが多種の魚を使う沖すきを出す料理屋は今だにあまり見掛けません。土地がらなのでしょうか。調理法次第でそれなりにおいしい鍋物です。

五　なんといっても京料理に欠かせない「ハモ」料理
「ハモが食べたきゃ夏来るな」

京料理には魚も上品な魚でなければいけません。数ある魚の中でも京料理を代表する「三大魚」を挙げるとすれば、風格といい、味といい、調理法の数からもやはり「鯛」が筆頭にくるでしょう。日本一の魚の座は京都においても揺らぐことはありません。

次にくるのが「鱧《はも》」です。そして三番目は「甘鯛」でしょう。どれもが京料理にとって欠かすことのできない魚です。料理として仕上がったときの姿、味、色、京料理人に限らず誰もが認めざるをえない「京魚」です。白身魚の上品さが京都人向きなのでしょう。その中でも特に「ハモは生命力が強いので夏バテにいい」と昔から京都の人々に愛されてきました。祇園祭とも相まって、切っても切れない京の魚として語り継がれています。現在もハモを除くと京料理は成り立ちません。紛れもなく京料理のひと品です。

五月頃（新ハモ落とし）から十一月頃（土瓶蒸し、ハモ鍋、造り、椀物、焼物、寿司）と、実に半年以上、調理法によっては一年中、使う貴重な魚です。

ハモが食べ始められたのは縄文時代

それではハモが食べ始められたのは、いつ頃なのでしょうか。約二千年前のハモの前頭骨が各地の貝塚から出土していることから、縄文時代にまで遡《さかのぼ》るようです。当時は包丁がないので骨ごと魚汁にでもしたのではとされています。

また、京都市中京区の公家、武家屋敷跡からもハモの骨が出土していることから、室町末期から江戸初期にはその人たちが食べていたことが分かるといわれています。「骨切り」が文献に現れるのは江戸中期とされ、江戸後期には庶民の間にも広まったようです。

ハモのおいしい時期の一回目は六月～七月中旬でさっぱりしたおいしさです。その後は、八月産卵後の九月下旬（秋）から十二月頃までが脂がのり、鍋物にしても一番おいしい時期です。皮を引く（取る）と、まな板の上が脂でべっとり光るほどです。特に「ハモ刺し、洗い、ハモしゃぶ、丸鍋風（スッポン風）」は絶品です。

ハモが持つ独特のおいしさ、上品な味をじっくりと味わってください。おいしさが後から「じわっ」とくる魚です。いわゆる余韻の味です。ハモは小さい物より大きい物がおいしいように思います。

■ハモと祇園祭の関わり

ハモの骨切り技術は、一寸に二三〜二六の切り目を入れなければ、小骨が口に当たり、一人前の腕とは呼べないと、よくいわれてきました。しかし現在のように生きているハモの骨切りは、物理的にも、とうてい無理な技術です。包丁を入れるたびに身が動きます。せいぜい一寸に一九前後（約一・八ミリ）が限界でしょう。締まった（死んだ）ハモや、軽く凍らせたハモなら可能です。

このようなことからも、輸送の難しかった時代のハモの鮮度が見えてきます。「ハモ落とし」「ハモ寿司」といった火を入れた調理法の料理しかできなかったこともまたハモの鮮度がうかがえます。それでもなお京都の人にとっては数少ない夏の魚、祇園祭の魚として、定着したのではないでしょうか。

その昔、大坂港から一日がかりでどうにか京まで運ぶことができたのも、日の入りの遅い足元も明るい夏季であったことが、条件にかなったと考えます。そうなれば冬の魚はどのようにして運んでいたのでしょうか。

「鱧街道」

ハモの輸送ルートは、大坂天満の八軒家から京伏見に着くのが約一二時間、朝早くに出て、夕方に着く（上り時速約五㎞、下り約一〇㎞）その後の陸路で京の市街へ運ばれたが、多くの魚が腐っていたという。大坂から京への上りは、岸から船頭と、船曳《ひ》き人足が曳いて上った。コースは川の流れによって右岸、左岸に沿って曳いた。明治になり蒸気船が上り、六時間（下り三時間）かけて運んだが、明治中期には船で運ぶことはなくなった。また、雨気の代替ルートとして、陸路、天王山あたりから担いで運ぶ山越えルートがあった（参照・郷土摂津いにしえ通信第50号）。

天王山の山越えルートは、あの「ハモが山でとれる」といわれる面白話の舞台です。

六　骨切り技術発祥の地は京都？

ハモの骨切りは、京の料理人が大分県中津の漁師から習ったとも伝えられています。海魚のなかった京都。あの長いハモをまな板の上にポンと出されても、どこから手をつけていいのか分からない、いろいろと試行を重ねるほど、ハモの入荷もなかったでしょう。京料理人が調理のできるはずがないことからも、やはり発祥は中津説が正しいように思えます。いずれにしても希少なゆえにハモをおいしい京料理に仕上げたのは、京料理人であることに間違いないようです。

■森の石松も見ていた? 江戸時代のハモの輸送ルート

ハモは魚の中でも比較的生命力が強いといわれます。しかし、いくら強くても、大坂港から京・伏見の港までの四八・八キロメートル。江戸時代、最速の三十石船で運んで一二時間、氷もない時代にとても鮮度が保たれているはずがありません。一説によれば、桶にハモを入れて海水を張り、川に浮かべて三十石船で引っ張り、川の冷水で京までハモが生きていたともいわれます。尋常では考えの及ばない先人のエネルギーが支えた京の味です(講談・浪曲でおなじみの森の石松『石松三十石舟』道中の舟です)。

著書「秘傳鱧料理」より

コラム

料亭料理人は家庭料理が不得手《ふえて》

料理人はどんな料理でもできると思われているようですが実は家庭料理は下手です。料亭の料理は、料理だけを取り出せば家庭のおかずにもなりません。他の洋風料理と比べてみても、決しておいしい、食べごたえのある料理ではありません。

料亭料理は、お酒の肴であり、ご飯のおかずではないからです。料理人が肉ジャガを作ると、お肉ジャガに、なんきんを炊くと、おなんきんになってしまうのです。

そのようなことで、料亭料理人はもっとも現実的なご飯のおかずになるような家庭料理が苦手なものです。

それでいいのでは。

酒肴《しゅこう》（夏）　**器・**桶《おけ》珍味入れ

（涼、一味）

◆酢じゅんさい（ハモ切り落とし、色ミョウガ、三つ葉、乱引きワサビ）

涼感と古きよき時代の静けさを

――酒肴（二一六頁参照）

一人問答　生け花の力

　私がまだ修業中の頃、自宅のアパート近く、薄暗い路地のどんつきにカウンター七席だけで、ちょっと強面《こわもて》のお兄さんがやっている「おでん、焼きとり」の店があり、ちょくちょく通っていました。店は古くて狭くて、お客の後ろを通る場合は、忍者のように壁にひっつき横歩きをして通ります。初めて覗《のぞ》いたときには少し躊躇《ちゅうちょ》したのですが、カウンターの端に店とは不釣り合いな花が飾ることもせず、たっぷりと入っていたのです。その後も変わらずに、萎《しお》れた花もなく何時もみずみずしい花が無造作ながらも入っていました。あらためてよくよく店を見渡してみると隅々がこぎれいに片付いている。この店でのこの気配りは心地よく感じたものです。そのせいなのか、お兄さんのイカツイ顔が怖いと思えず、出される料理も、なぜか安心感がありました。幼少期の背景も聞いてみたくなったものです。花を飾ろうとする気持ちは料理への安心感に加え、空気感さえも変えてしまいます。

七　京料理はまず野菜料理から「上品さも味の内」

「京野菜、根菜を、うまく炊けなきゃ京を去れ」

野菜料理が下手な料理人は、京料理を語っても説得力がありません。京野菜は長い歴史の中で、京都盆地の土壌に合ったもの、京都人好みの野菜、根菜が今日まで受け継がれています。しかし、現在ではその野菜も京都だけではなく、地方からの入荷に頼っているものが多くなっています。魚も野菜も各地からの食材によって成り立っているのが現状です。ゆえにせめて調理法だけは京料理らしく仕上げることが京料理人の使命です。

若い修業時代には、「醤油色が付いている方がおいしそうに見える」「水には晒さない方が旨いのに」とおいしさばかりに意識が向いており色、味、匂いにも「品」の良さ、「**上品さも味の内**」であることに気付かないものです。

昔の料理人は、まず野菜料理からたたき込まれます。切り方、色、味付け、特にうるさく言われたのは固さと色です、大根、かぶら、芋類、なっぱと、固さの加減でおいしさが変わってしまいます。ここでの出し汁は、椀《わん》物と違い濃いめの出し汁になります。醤油色はかすかに付いている程度、しっかりと付いているのは、おでんかおばんざい料理になります。料理屋では白いものは白く、青いものは青く、上品に仕上げる。味付けは甘さに要注意です。葉っぱ類には特にひかえる。繊細な野菜の味が壊れてしまうからです。

野菜は魚に比べて淡泊なので調理が難しく、出し汁がおいしくなければうまく炊けません。その出汁を上手に利用した料理が古くからある「タイかぶら」「ニシン茄子」「芋、棒ダラ」「ブリ大根」「生節、フキ、焼き豆腐」です。これらすべて野菜がメイン（多い目）で希少な魚（少な目）から出るおいしい出し汁を野菜に移した共煮《とも》（うつし煮）の料理です。

現在、料理屋では野菜と魚を同じ鍋で一緒には炊きません。魚から出た煮汁を別鍋に取る。また、別出し汁で、野菜に合った、あっさりとした味付けにします。これも料理屋の知恵であり、手間でもあります。一つの器に盛り付けることで、別々の味が和音のように引き立て合います。昔のように同じ鍋で一緒に炊いてしまうと、同じ味、同じ醤油色になってしまいます。

割烹店で京都の味付けを実感したい時は、まず野菜の炊き合わせから味わってみてください。野菜料理がおいしければ、その店の料理はまず安心です。修業歴の賜り物です。

八　京料理が凝縮された絶品のかぶら蒸し

「かぶらはやさしく料理しろ、かぶらは純白なもの、色を付けると品がない」

野菜料理で、かぶら蒸しは京料理の上品さを兼ね備えた絶品の野菜料理といえます。見た目には真白く、寒い京の「雪景色」のようです。少しずつ崩しながら食べると、かぶら、アマダイ、溶きワサビの風味が一体となり淡泊で上品なかぶらの味わいを醸し出します。心まで温まるまさにこれぞ京料理の逸品です。

ところが、このかぶら蒸しの上に、生ウニをのせる、カニあんをかける、銀杏《ぎんなん》、百合根《ゆりね》も入れて、どんどん豪華で贅沢《ぜいたく》になっていきます。現在の京料理の姿がそうです。しかし、かぶらの素朴で繊細な味わいが遠くなり、もちろんそこにはあの雪景色はありません。私はかぶら蒸しを作る際、いつも比叡山の山頂に積もる雪を連想しながら作っていました。心に残る京の味は、贅沢なおいしさか、素朴ながらも上品な味わいか、しかと味わってみてください。

かぶら蒸しは、少しずつ崩しながら具材と一緒に食べるので、具材がかぶらに勝ってはいけないのです。変化を加えるなら「かぶらの小賽、生麩、生ゆば」を少し加えるといったような、主役のかぶらの味を引き立てる程度の具材でいいのです。具材を食べるためのかぶらではないのです。素朴なものは素朴に作る難しさ、素朴さを味わうよさがあります。(魚類は、白身魚、スッポン等を使う場合いは少しだけに)

守らなければ、京料理がどんどんなくなってしまいます。豪華においしくすることは、簡単です。変えることも大切ですが、変わらない安心感も重要です。

割烹店では雑味のない本物のかぶら蒸しで、主役はかぶら。素材との出合い、お客様には今出来る最高のかぶら蒸し「一会《え》一品」で勝負してほしいものです。「目くらまし、ごまかし」はせずに・・・。

※洋風を取りまぜるよりも野菜がおいしく炊けることが大事。いかに洋風料理を組み合わせても「かぶら」を炊くのが下手では京料理人とはいえないのではないでしょうか。

よもやま話　かつらむき

私が丁稚《でっち》の頃（昭和三十七年）、仕事も終わり薄暗い調理場で大根のかつらむきを練習しているときでした。先輩からこんな話を聞かされたのを覚えています。「昔話やけどなあ、仕事が終わった夜に、三条大橋の上から大根のかつらむきをして、どちらが速く下の河原まで切れずにむけるか競争したらしいで」「太めの大根をよほど薄く上手にむかないと下までは届かへん。風も吹くし、途切れてしまう。面白い話やろう。どや、やってみるか！」。

昭和三十七年頃からさらに昔の話となると、おそらくは、戦後間なしの時代。今の料理人が聞けばどうせ冗談話だろうと笑って聞くでしょうが、当時は本当にやっていただろうと思える時代の話です。とにかく昔の職人は、私の知る限りでも仕事に純粋でエネルギッシュというのか、挑戦的、情熱的でした。夜ともなれば今ほどに人通りも多くなく、街のあかりも少ない時代、おそらくは月明かりで競っていたのだろう、橋の下から上を見上げている弟弟子の光景まで浮かんできます。

何か、修業時代が昔の丁稚らしくて楽しい、いい時代の話です。笑い声まで聞こえてきそうです。今どきの若い人は、こんな昔話にあまり興味、価値観を持たないですね。

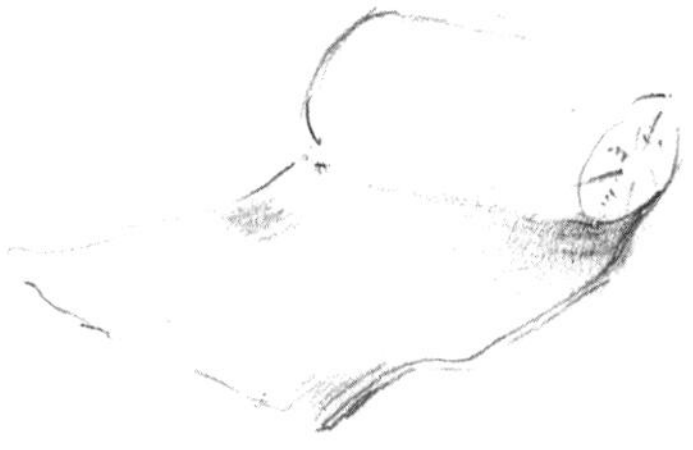

業態の明確さは厳しさの証し
狭く、深く、地道なくり返し

前編

第四章　京料理屋の業態

Chapter 4 Kyoto The Business Style of Kyoto Restaurants

一　京都は料理屋の種類が多くて分かりにくい

近年、名所、繁華街に飲食店が急増。ますますその種類も増えて、何料理屋といっていいのか、料理人であった私にも分からない店がたくさん増えています。

また、京料理屋で数年勤めた後に店を構える若い人の和洋創作料理の店も多くなり、それはそれなりに自由で楽しくていいのですが、お客様が戸惑うことのないように京料理を出す店には統一マークがあればと感じるほどです。

おばんざい屋さんも居酒屋さんも、京都としての特異性があれば入店も楽しみなのですが、ここでは私の見解、現在分かる京料理の業態を説明しておきます。

■京都で「京料理」を提供する飲食店の種類、業態（料理人的見解）

◆**料亭**……………主に京懐石料理を提供。庭、部屋の室礼（しつらい）をもって演出。料理は素材鮮度の強調よりも、節度ある雅やかな料理。

◆**料理旅館**…………京都の旅館はさまざまで、高級旅館から修学旅行生を受け入れる旅館までいろいろですが、高級な旅館では、京懐石料理として提供。（学生にも京料理の話を交えて提供すれば面白いのですが）

◆**会席料理屋**………主に宴席料理で、会席料理、冠婚葬祭、出張料理、仕出し料理と幅広く対応。（京懐石料理にも応じる）

◆**専門料理屋**………川魚、豆腐、ゆば、筍、精進物、魚介類を主とした料理店。

◆**割烹料理屋**………一品料理、一品を組み合わせて少人数の会席料理、鍋物にも対応。小座敷、カウンターのある店も多い。（小部屋があり一品料理を出す店が割烹料理屋、これにカウンターのある店をカウンター割烹店）

◆**カウンター割烹**…一品料理が主ですが、一品料理をコース仕立てにした会席料理、近年趣向を凝らしたカウンター京懐石も提供。

■ **料理人個々が信念に基づいて作る京懐石を料理内容で見ると次のように区分けできます。**

◆ **純京料理派料理** … 日本食材（類似）のみを使い京料理とされる範囲内にこだわった料理

◆ **演出趣向派料理** … 演出、趣向を主として楽しく感動させる料理

◆ **美食派料理** ……… 調理法にこだわらず高級食材を使いおいしさ、豪華さを強調

◆ **創作京料理派** …… 和洋折衷料理、新しい発想の料理

おおよそ右のように分けられます。どのような料理に信念を持って作っているのか、それぞれ料理人のこだわりが、どう表現できているかを見ることができます。

修業中の料理人も全体像をおおむね理解することにより、自身はどの料理を提供したいのかを定めることができます。

これまで、すべての料理が混在して、多くの仕事を修得することに修業年数がかかりすぎました。深くよりも広く多種多様な仕事のできる料理人が腕のいい職人のように言われてきました。しかし、内容分けをすることで軸足をどこにおくかを絞ることができます。例えば料亭の純京料理に主軸を置いて演出、趣向、も取り入れるのか、演出、美食に重きを置いて京料理らしく見せるのかでは大きく内容が変ります。定義は大きく横道にそれない「箍《たが》」です。

歩む道は、美食か、雅び料理か。

コラム

料理人の修業は長い年月がかかるとよく言われますが、けっして料理人だけではありません。スポーツ選手になるには小学校から、ピアノは幼少期から大学に入るにも子どもの頃から塾がよいをしている。料理人は何歳から。十年二十年は当り前です。もっと、早くから子どもが憧れる職業として、オーナーだけでなく職人が表舞台に出られるよう、考えることはできないのでしょうか？

一人問答　これでいいのか京料理

「明日の○○さんとの食事はどの店に予約をしましょうか？」「そうだなあー、○○さんはイタリア風が好みだけどアユの塩焼き、寿司も好物だし、ステーキも大好物だから、肉料理の評判がいい○○京懐石の店にするかぁ」……笑い話ではありません。日本人の食生活に和食が一番遠くなったとよくいわれて数十年、身近な外食においても洋食店ばかりが目立ちます。日本の家、町並み、景色、空気に至るまで、古きよき日本を残した昭和の色が消えていく中、欧米化した家庭環境の中では洋風料理で育った料理人が大半です。料理屋の料理にも、その現実がはっきりと表れてきました。つい先頃、和洋中の料理が同じように掲載されている料理本の写真を見て、失望してしまいました。どれが日本料理で、どれが京料理、欧風料理、中華料理なのか、料理人の私にも区別がつきにくいものでした。

日本の地で産まれ育った日本人が「洋風料理」を作り、洋風料理で育った日本人が「京料理」を現代風に作る。同じように洋風料理で育ったライターが京料理としてメディアにより広める、分かりにくくなるのは当然です。この現象は今後ますます色濃くなるでしょう。

このままでは、いつの日かすべてが入り混ざった京料理屋が、不自然でなくなってしまう時代がくるのではと、不安になります。そうなれば和食店、洋食店という選び方ではなく、どの店がいかに上手に和洋中を取り入れているかの競争になってしまうでしょう。お客さまが求めれば当然ありうる事態です。食に限らず周りのすべての文化までもが欧米化することを良しとする現実の中で、純粋な京料理を維持していくのは至難なことです。氾濫する世界中の料理の中にのまれて沈んでゆく京料理、三十年、五十年後になってこの代償はどのような形で表れるのか。

本物の京料理を求める人の行き場はなくなってしまうのでしょうか。

どのように時代が変ってもせめて料亭だけは染まらずに狭く、深く、地道にあってほしいものです。残念ながら味覚感が少しずつ日本離れしていきます。

二　料理屋の選び方

人によって価値判断の違うことは店選びでも同じことです。初めての店は残念ながら外部の情報以外にありません。グルメ雑誌などで選ぶ場合は、料理の説明記事で判断せずに料理写真だけを見て決めた方がいいでしょう。問題は利用したその店に、再訪したいと思うかです。

また、文化人や有名人の方々の食べ歩き、食通論は料理人には納得できないことも多いのですが、それはそれとして、料理人が料理を見る目、とらえ方は特殊性を含んでいるので、どちらが正しいかの問答をしても詮無《せんない》ことです。そこで私が個人的な選び方として決めていることがあります。これは自身が調理場に立ち、料理を作る側として弟子を育てながら感じたことを基準としています。カウンター割烹店にてらして例を挙げてみました。

安心できる店（割烹店の場合）

清潔が一番

一番目は、「清潔」ということです。これは割烹着も店内も、調理器具（特に包丁、鍋）、まな板、そして身なり、頭髪です。（長髪、茶髪、ヒゲの問答は無用として）これらのことをあまり気にしない弟子は仕事の仕上がりも味付けも、すべてが大ざっぱだったのを覚えています。昔は、料理人の包丁を見ただけでその腕、こだわり方が分かるといわれていました。清潔さ、几帳《きちょう》面《めん》さはあらゆる場面（食材、味付け、盛り付け、仕上がり）に表れます。まな板が見える店では料理を作っているその都度、包丁、箸、布巾をどのように置いているのか、白衣の袖口は上がっているか、布巾が、いつもきれいに折りたたまれているかを見れば、料理人がお客さまの目をいかに意識しているかがうかがえます。かならず料理に出てきます。

こだわりが見えるか

二番目に、「こだわり」です。誰が見ても明らかに失敗だと思えるような料理を出してくる。焦げすぎ、揚げ物がへたっている、煮崩れしている、色が悪い。ヘタ（切れ端）を出す。これらをやり直さずに平然と出してくる、言いわけをする店は仕事にこだわりがない、仕事の上がりに強い意識を持っていない、料理の仕上がりに対しての妥協点が低すぎるといったプライドのない料理人ではないかと思います。こだわりのない料理人の仕事には「ムラ」があります。常にすべてに一定していないのです。「それらしい」は「それ、(本物)」ではない。似ていてもまったく別物だという意識が軽薄。それらしくできていればそれでいいと思っている。(メニューの、写真・サンプルとまったくちがう物を平気で出してくるのと同じ)

基本が身についている

三番目には、「当り前の料理」をしている店です。これは安心して食べられる料理が出る店ということです。当たり前のことですが実は少ないのです。おいしい料理ではなく、基本通りまともに仕上がっている。例えば熱いものは中まで熱く火が通っている、甘すぎない、辛すぎない、濃すぎない、酸っぱすぎない、魚の鱗《うろこ》は残っていない、こういった普通だと思えることが実は常に意識しなければ成り立たないことなのです。このような普通のことができていないことが意外と多いのです。普通のことがきちっとできない料理人にそれ以上は期待できません。これは修業時代に厳しい師匠との出会いがなかったのかもしれません。(私見)

三　料理屋の調理場風景、料理人の序列

ひと昔前は、調理場の奥からお客様の席まで大きな怒鳴り声が聞こえて、「これでは料理を気持ちよく食べていられない」と苦情を耳にすることが度々ありました。カウンターの店では、お客様に気付かれないように親方が、高下駄で丁稚《でっち》の足元を蹴る。いくら気付かれないようにしたとしても親方の顔がこわばっている、蹴られた若い衆もまた顔がゆがんでいる。気の短い料理長や主人なら、お客様の目の前でもいきなり頭をたたくといったことがしばしば。現在ではとても考えられないようなことですが、昭和四十年代ころまでは公然とあったものです。

調理場の序列を説明しますと、一番上に「主人」もしくは「料理長」、板前の親方でもあるので「おやじ」「おやっさん」とも呼びます。その下が順番に「煮方（煮炊き・味付け）」「向《むこう》板《いた》（魚を開く）」「八寸場（盛り付け）」「追い回し（丁稚）」となります。大きな店になると、これに「焼き場」「油場」、さらに各持ち場に脇鍋、脇板と補助が増えていきます。ご飯を薪で炊いていた頃には「白《はく》場（ご飯炊き）」といった持ち場もありました。それぞれの仕事がこなせる

ようになると、（おおよそ二〜三年で）持ち場が上がっていきます。一番上の煮方は、煮炊き仕事五年以上の経験を重ねて、他店の煮方もしくは料理長、また独立していきます。おおよそこのような仕組みで構成されています。

時代は変り料理屋の調理場の内部事情

どの職業も同じでしょうが、料理屋もまた、プロ野球のようにプロ集団が寄って料理を作っているわけではありません。すぐに予備軍がいるわけでもありません。一人前ではない修業中の者が集まって料理を作っているのです。料理長は目を離せません。まして待ったがきかない、ゆっくりできない、やり直しがきかない、失敗が許されない、といった瞬時、瞬時で取り返しのつかない事態に直面します。ついうっかり目を離すと、泣きたくなるようなことが起きるのは今も昔も同じです。特に「献立」が変わった日の仕込み時は失敗の連続です。

また二、三日前に来店された再来のお客さまには、前回とは別の料理を別の器で出します。当然、仕入れの食材も前とは違う限られた特別のものになります。それを仕損じたり、別の席（客）に出してしまうといった場合には、余分の食材がありません。やり直しができません。「コラー！　なにをしとる！」と、思わず「ゴツン」ということになります。その日にある材料で前回の料理と目先を変えて急場をしのがなくてはなりません。せっかく準備した献立も材料も無駄になってしまう、お客様には申し訳ないことです。

切り間違い、焼き損ない、揚げすぎ、出し間違いなど、不測の事態が生じたときに、少しでも高い位置に妥協点を持っていくことを諭します。

特に昔は常連のお客様が主で献立が毎日のように変わっていました。大声の聞こえない日はありません。毎日同じ食材を使っていても、生ものは同じように仕上がりません。その日、その日で出来上がりも変わります。妥協点をいかに高くするかに尽きます。もちろんすべてがスムーズに運ぶ日もありますが、いつもそのような料理が出せれば怒鳴り声も聞こえなかったでしょうに。バタバタと仕事をする中で、感性が要求される料理です。お客様から見えない調理場はまさに戦場です。

調理場にはいつも殺気立った空気感がありました。特に料理の仕上がりのタイミング時には厳しかったことを丁稚心に覚えています。

カウンターで足を蹴られたのは私ではありませんが……。それはそれなりに、ピリッと厳しくもよき時代でした。

四　カウンター割烹で気になること

カウンターを前にして料理を作っている料理人のことを「立ち職人」と呼び、料亭のようにお客さまと顔を合わせることのない料理人を「やかた職人」と呼んでいます。

やかた職人はカウンターに立つのが怖いものです。料理のことでお客様にいろいろと聞かれたら、どのようなことでも答えられるのか、きちんと会話ができるのか、不安だらけです。近頃は独立してカウンター割烹を構える料理人が多く、会話も実にうまい。やかた職人から見ると、よく喋りながら料理ができるなあと思うぐらいです。そんなカウンターの店で気になることを少し取り上げてみます。

■「料理人のこと」

料理人はカウンター内ではお酒を受けても、お茶を飲んでも、ものを食べてもいけない。味をみるときもおおっぴらにしてはいけない。どうしてものときは少し隠してしたいものです。味見、つまみ食いをして口を動かしながら料理を作っている料理人をたまに見かけることがあります。

カウンターは中と外とのある種、「結界」のようなものであるという意識を包丁を握った瞬間持ってほしいものです。どうも割烹料理屋と自宅近辺の居酒屋を混同しているようで、喋くりも立ち職人の仕事のうちと思えるほどの場面も見かけます。双方納得したお客様の集まる店なら心配する必要もないのですが、料理だけを楽しみに来ているお客様を不快にさせないでしょうか。

お客様の前では、食材（魚）の姿そのままを見せない、例えばハモの頭付きを目の前で切り落として骨切りを始める。マグロの解体ショーのようなパフォーマンスをする。いろいろな店があることは楽しくていいのですが、京都ではどうでしょう。カウンター料理をエンターテイメントと言うようですが、「京懐石」を出すならば無理でしょう。見せながら、話しをしながらできる料理ではありません。

箸のマナーを少し

箸《はし》は料理の初めから終わるまで御膳（御敷）の上にあるので、相手の箸もよく目につくものです。箸の使い方で人格すら問われる場面もあります。箸の使い方については、よくマナー本でも見かけるので、特に気になることだけを少し挙げてみました。茶懐石では箸置きはありませんが、料理屋では、ほとんどの店で出されます。行儀的にも衛生的にも美的にも必要なものです。

■ **食べにくい料理は遠慮なく言う**

箸では食べにくい料理が出されたら、店に気を使うことなく食べやすいように切り離してもらってください。初めから食べにくい料理を出す料理人がいけないので遠慮はいりません。また気遣う正客の場合には、一盛りの料理も避けて一人ずつにしてもらうように、あらかじめ注文しておけばいいと思います。

■ **箸使いで気を付けたいこと**

一、食べるのを中断したとき、箸が箸置きから落ちていないか。
一、箸を器の上にのせていないか。
一、箸を器の中に入れたままではないか。

一、食事の途中、終わったときはきちんと箸置きにそろえる。一本一本が別々に向いてちらかっている場面もある。
一、箸で人や物を指さない。
一、箸を持ったまま会話は要注意。
一、箸を持ったまま身ぶり手ぶりをしない。
一、箸は長く持った方が、しぐさが上品で美しく見えます（意外と短く持つ方が多いようです）。

料理屋の配慮

懐紙と柑橘《かんきつ》類の搾り汁（店側の配慮）

■テーブルナプキン（懐紙）

レストランに行くと、テーブルの上に置いてあるナプキンのようなものが料理屋のテーブルにも欲しいものです。膝にかけているものとは別なもの、さしずめ懐紙になるでしょうか。ちょっと汚れた口元、手元、箸の先を拭くのに必要です。また汚物があったときにも対処しやすいように思います。もちろん壺々《つぼつぼ》のような汚物入れも用意しておく必要性があります。

※壺々＝小さくて、壺の先が少しちぢまったような壺（器）

■柑橘類の搾り汁

土瓶蒸し、焼き魚、揚げ物、蒸し物と、あらゆる場面でユズ、スダチ、カボスといった搾り汁にするものが添えられています。これらの柑橘類をお客様が搾るときに、料理以外のところへ飛んだ場合、例えば相手さまの目に、手に、料理に飛んだ場合の対処を考えると最初から搾り汁だけを別容器に入れて出すべきでしょう。工夫が必要です。昔の器に酢入れといった小さな物がすでにありました。

京懐石は日本料理の総称として確立されなければ日本の料理屋料理の根本そのものが崩壊します。老舗はその存在を維持することが大業であるように、京料理人もまた京懐石を継承していく責務があります。

コラム

割烹旅館（料理旅館）

一九七〇年（昭和四十五年）以降頃まででしょうか、それまで旅館を兼ねた割烹（料理）旅館が多く、料理も旅館の宿泊料理と料亭料理の切り替えが明確にできないまま、「京懐石料理」としての発展が遅れ、それから約五十年を経て、ようやく現在の京料理に至っています。今後は品位ある料理が求められるのではないでしょうか。

「飲食営業緊急措置令」五八頁参

技術の質問から、食材への質問
滋味な味わいより、満足感へ
お客様の声は、発見にも迷いにも

前編

第五章　お客さまからの声

Chapter 5 Clientele Feedback

私が料理屋を営んでいた際、お客様から「京料理」について、いろいろな質問や疑問をいただいておりました。京料理を探すなかであらためて当時いただいたお客様からの問いを思い起こしてみました。

一　海の魚を使っているのにどうして京料理？

京料理人にとって一番厳しい問いです。常々、意識することもなく平然と使っている魚です。的確に答えることができずに戸惑いました。当然、タイ、イセエビ、マグロ、オコゼといった海の魚は京都の食材ではありません。これまでにお話ししてきたように、これらの魚を強調しすぎると、京懐石としての骨格が壊れてしまい割烹店の料理になります。海の魚を使っても京風と、はっきり分かるように調理することで、初めて京懐石のコースにも使えます。川魚も含めた、主な魚の京料理風の調理法を取り上げてみました。

伊勢エビ＝高級京料理屋では定番のように使われます。接待する方も、される方も、いかにも高級そうで格好がつくのですが、どこが京料理かと問われれば答えられません。伊勢エビを使うことで高級感が出せるのです。調理法の多くは殻付きで具足煮、兜焼きなど、具足とは甲冑《かっちゅう》に見立ててのこと。また円満具足の意からも縁起物として祝い事にもよく使われる特別なエビです。しかし、常の料理に殻付き、頭付きでは食べにくいものです。この料理のどこから京料理らしさが見つかるのか、困ったものです。まるで海辺風の料理のようにも映ります。今後、京料理に仕上げるには、この殻も頭も外して食べやすく身だけの調理法で工夫する。一見、見栄えが劣るように思えますが、上品な京都の仕事になります。食事をされる方が見栄えだけでなく上品さも理解されることにより、京都らしい料理になっていくことかと思います。爪も足も動いているような海賊焼も専門店、カウンター店にまかせて。

カニ＝京都の冬には、カニもまた代表食材のように使われます。カニの種類は多く、日本各地で使われますが、京都の料理屋では秋から冬にかけて主に松葉ガニと呼ばれるズワイガニが使われます。海産物をはじめ食材の多くは都会に出荷されるので、その地の使用量で名物料理のようにいわれます。例えば「フグ」は大阪、「ハモ」は京都、大阪といったように、その地でとれたものでなくても古くから多く使われていることです。問題はその食材の提供の仕方です。

カニ専門店では大胆に漁場風の料理でもいいのですが、京都の割烹店では少し「都風」な出し方の方がいいように思えます。さらに京懐石では、カニスプーンでせせりながら食べるような提供の仕方では考えものです。天井に口を向けて食べている姿も見苦しさを通り越し、下品にさえ見えてしまいます。外国の人にはどのように映っているのでしょう。大切な方を接待する場合は前もって見苦しい所作をしなくてもいいように、殻から取り出したカニ料理を頼んでおいた方が接待にはいいと思います。

料亭の料理人は食べにくい食材こそ上品に食べられるように工夫をするのが最良の出し方かと思われます。京料理にするには、おいしさだけを追いかける訳にはゆきません。

また、カニ・エビ・貝類といった、甲殻類を焼いた料理は、殻の味・香りが強くなり身本来の上品なおいしさが負けて半減します。蒸す・茹《ゆ》でるといった調理法が京料理としての味を楽しむことができます。まずは品のいい味から。

マグロ＝トロの寿司、お造りが盛り付けてある料理は、もちろん「京料理」っぽくありません。昭和初期に北大路魯山人という美食家が、自分の作った高額な料理にタニシの和え物（低価格の食材）も出していたと聞きます。もし今日、タニシのような安い食材を使い、この上もなく絶品な料理に仕上げたとして、気持ちよく代金を支払うお客さまが何人おられるでしょうか。やはりトロ、アワビ、伊勢エビ、カニ、松茸、そして牛肉が分かりやすいのです。価値判断が今はそれがいい料理を出す店になるようです。職人としては少し断念なことです。

料理人の技術や腕ではなく、高価な食材でなければ納得してもらえないのが現実です。同じ高価なものでも、**高質の原石を磨き上げた宝石に歓喜するもよし、原材料が山土であっても、宝石に劣らぬ陶芸作品に価値を見いだすのもよし**。どのような料理を求めるかで、今後の京料理の方向性も決まることでしょう。すべて食する人次第です。

トロをそのままを前面に出しすぎるのは見るからに関東、専門店のイメージが強く、京料理を期待する人はがっかりするでしょう。京懐石料理にはなっていないのです。割烹店ならいいのですが。特上の牛肉を望む感覚だけで京料理を評価せずに、仕事のよしあしも見極めていただけるお客様も増えればいい料理人が育ちます。そのためには料理を発信する情報誌の理解も不可欠です。

スッポン＝スッポンは、その姿、味にして京懐石としては使いにくい食材の一つですが意外にも女性に好まれます。ゼラチン質が多いと言われるからでしょうか。身の味、スープも確かにおいしい食材ですが、コクの中にクセがあるので決して上品なおいしさとは言えない食材です。できるだけ品のいい調理法が求められます。

京懐石では使う食材にも暗黙の制約があります。牛肉、鶏肉等も使いにくく、クジラも使えなくなったのでやむなく魚介類でない肉質のスッポンを使わざるをえないのです。また、京都は川魚をよく使っていたので、その流れが現在も残っているのだと思います。専門店は食材のクセを生かして特長として出します。料理屋ではクセのないように上品な料理に仕上げます。料亭では冬瓜《とうがん》羽二重蒸し、ゆば汁蒸し、スッポン豆腐、しぐれ煮などスッポンの姿がない料理。「スッポンは鍋が一番」と言われる方もいますが料亭では出せません。割烹店向きになるので、あらかじめの注文が必要かと思います。又、スープが旨いからといって、そのスープで別の魚介類を炊くのは質のちがう、「ない混ぜ」な料理になってしまいます。おいしければなにをしてもいいと、いうものではありません。正道な料理を味わって下さい。

※料亭と割烹では、出し方がちがうことを、あらかじめ知っておいてください。

ウナギ＝ウナギのタレ焼きそのままの料理では川魚料理になります。どうしてもかば焼き（タレ焼き）がおいしいからといって、そのままでは出せません。もちろん、会席料理、割烹店、専門店では喜ばれる料理ですが、京懐石では工夫した出し方を考えなければ全国どこにでもある鰻料理になってしまうからです。ウナギを通常のタレ焼きにする時には、昔からウナギのヌメリをすべて取り除きません。きれいに取ると焼いている時点で脂、うま味が落ちてしまうといわれています。焼いたウナギのウラ「皮」の焦げた部分をはがしてみると、下に皮が残っています。つまり焦げているのはヌメリです。本当の皮に焼き目が付いていないので、冷めるとゴムのようになります。ヌメリも一緒に食べていると思うと気持ちの悪いものです。ヌメリをすべて取り除いてもまずくはなりません。関東は江戸焼として独自の焼き方がありますが京都にも地方と差別化できる京焼きがあります。

料理人はまず調理法から古きを見直して、京料理屋らしい料理を追究すべきではないでしょうか。

料理例（ウナギの京焼を使って、ゆばきらず焼、みぞれ焼、柳川返し）等々があります。

二　椀物に木の芽やユズが入っているのはなぜ？

料理用語で「吸い口・こうとう」といいます。吸い物椀のふたを開けたとき、最初に見えるもので、先がかり、口切りと同じで、初めにという意味があります。古くは主に青ユズが使われていたようです。へぎ切りにした青ユズを吸い物に浮かべると、水に浮かぶ鴨《かも》の頭に似ているところから当て字として「鴨頭《こうとう》」と呼んでいました。室町時代になって、ユズだけでなく、汁の具材と相性のよいものが用いられるようになり、異臭のある具材の臭いを紛らわすために吸い口と名付けられました（木の芽、シソ芽、ミョウガ、ワサビなど）。

吸い口には味覚（汁）に影響（変化）を与える使い方と、香りだけを楽しむ、二つの使い方があります。「風味」という言葉があり、一般的に辞書では「上品な味」とされていますが、料理人としての解釈をすれば、「味として感じる香り」。つまり「吸い口」の香りが調味料としての味に変化するのです。例えば、ショウガ、ユズ、粉ザンショウを汁に落とすと、香りと味が一体になり、風味として味を感じる。要するに「鼻に抜ける味」ではないかと思います。吸い口が味に変化を与えるのです。一方、料理の中に、食べることができない、大きなユズが沢山入っているのはおかしなことです。また柚子肌のブツブツしたままで、手を加えていないのは昔のままです。上品にするには、表面をうすく剥き綺麗な肌に仕上げて一度火を入れ、下味を付けて食べられるようにしてから使うべきでしょう。少しのこだわりが職人の仕事です。京料理としての下処理ができていません。

三　本当においしい土瓶蒸しは？

初めに出し汁について少し説明しておきます。近年、昆布と削りガツオで出汁を取ることのおいしさを今更のように強調していますが、その出汁の濃さに問題があります。濃すぎるのです。カツオの出汁だけが際立っておいしいのでは肝心の具材のおいしさが薄れてしまいます。出汁のおいしさを味わうのに代表されるのが椀物です。ふたを開けると「削りガツオのいい香りがする」との決まり文句が褒め言葉のように交わされますが、これはカツオが多すぎるのです。

特に京懐石の椀物は具材が季節ごとに変わるので、年中、同じ削りガツオの香りが一番にする、一口目にカツオの出し汁が「おいしい」では、間違った解釈といえるでしょう。例えば、タイ、アマダイ、ハモといった魚類、加工類の具材を使った椀物などは、昆布の出し汁と具材から出てくる出し汁のうま味だけでも良く、カツオの香りはかえって邪魔になります。(椀物、吸物のこだわるべき出汁は必要量だけ、上節で別に取ります)「おいしい出し汁をうすく取り」煮炊き物によって八方出し汁(濃い目の出し汁)。また、追いガツオ、差し昆布をします。季節の味、具材のうま味と一体になっておいしい汁物でなければなりません。少し物足りなさの味は具材と季節の吸い口が補います。濃すぎる、直接すぎる出し汁の味、後に残るのがカツオの味では季節の具材の味わいがそこなわれ、上品な椀物とはいえません。出汁が濃いと品がなくなります。麺類の出し汁がそうであるように、私の前著でも(辻留)辻嘉一さんの言葉をお借りした、「ものたりなさを感じながら持味が加減の淡泊さをカバーしてくれるような微妙な楽しいうまさを会得しないと一生の損失になるように思われます」のようなしみじみとした味の余韻こそが醍醐味《だいごみ》でしょう。くれぐれも椀物はカツオ節の出し汁の味が具材の味、具材から出る出し汁の味に勝ってはいけないのです。「生かす、補う」程度に。

　お尋ねの土瓶蒸しの場合は椀物とは違い果汁(ユズ)を搾るので、味付けはやや濃いのですが、なんといっても、松茸の風味のする汁物ということになります。料亭で出す場合、具材は松茸、ハモ、若水菜（または青物）で、後は特別に必要としません。別の具材を色々入れると複雑な味になってしまいます。

よく目にするのは、具材を先に土瓶の中に入れ、熱い吸い物を注いで火にかける。これではハモの持味すべてが出し汁に出てしまい、具材のうま味が残りません。順番があります。松茸は、青菜と共に一番最後に入れます。ハモには先に塩味、葛を当てておかなければおいしくありません。土瓶が熱いので味が動きます。本来は一人前ずつ手早く出せるカウンター割烹向きの料理と言えるのかもしれません。

※土瓶蒸しは、蒸していないのにどうして蒸しというのか。もともとは急須に入れて蒸していたが、火に直接かけられる土瓶に徐々に変わり呼称だけが残ったといわれています。調理法もそれに合った工夫を。

※出し汁について、私の丁稚時代（約六十年前）、「煮方」がかならず朝一番にその日の出し汁を親方に見せて確認をもらってから料理に取りかかっていました。料理人皆が当然のこととしていた時代、厳しい修業過程を経た現在です。いまさらのことではありません。

※科学的、調理法は料理人に欠けている部分ですが、美味論は料理人としての知見にて話すべき、出汁も、うま味も、食材、調理法により条件が変わります。

四　春の野菜は苦かったり、青臭かったり

「春野菜、おいしく炊いたら春が飛ぶ」

春を待っていたように出回る新野菜、走りもの（一足早い野菜）は苦い、味がうすい、持ち味がない、まずいなど。一言でいえばおいしくありません。しかし、それがまさに春です。季節の味わいです。長い冬が終わり、待ちに待った春、少し早めでもちょっと食べたくなる思いは誰もが同じです。うま味のうすい野菜も、夏、秋と季節を追って熟した味になっていきます。持ち味が薄いからといって調味料で補い、甘い味、濃い味を付けると季節感をころしてしまうので、旬が来るのを待ってください。

濃厚で甘いおいしい味ばかりを求めていると青い春の味、季節の香り、日本料理の繊細さを見失ってしまいます。物足りない味、ほろ苦い味、水っぽい味。春はまず素材と季節の香りを食べるのです。それもこれも日本の味で、年に一度、通り過ぎてしまう瞬間の味です。

食べる人の理解がなければ料理人はどうしても、お客様の求める味に合わせて濃いめ、甘

いめの味付けをしてしまいます。せっかくの春が台無しです。足りない味は感性で補ってください。家庭でも春を逃さないように一品はぜひ、日本の味、季節の味を生かした調理をしていただきたいと思います。（野菜料理には少し濃い目の出し汁が合います）

五　「天盛り」とはなに？

「和え物」「炊いた物」などの上に盛っている季節の香り物などです。古くは「この料理には誰も手をつけていません」との「印」ともいわれていましたが、今日では盛り付けのけじめであり、美的にも必要です。木の芽、シソ芽、ミョウガ、ユズ、梅といった季節物、また抵抗のない花びら（菊、桜、花ユズ）などが使われます。京料理としての上品さにも欠かすことはできません。日本料理の繊細さがうかがえるちょっとしたポイントにもなります。しかし、前項と同じで調理していないユズが未だに料理の上にたくさんのっているのは困ったものです。食べられるように味付けしたユズをのせたいものです。

六　お椀のふたが開かないときは…

確かに椀物のふたが開かないことがよくあります。椀の中の空気圧の影響なのでしょうか。椀を強く押し曲げても開かない。あげくの果てには調理場に取り換えとして下がってくる。そのような対策として考えてみたのが「界紙《かいし》」です。椀の内と外の「界《さかい》」として短冊状の紙を挟みます。また金、銀紙、ササの葉、小菊の葉、松葉などを挟むことで意外と上品に解決でき、見た目にも美しく（少人数にはそれぞれに界紙を変えると趣が変わります）。椀のふたを開けるワクワク感の演出にもなります。

※正客のふたが開かないときは、他の誰もが先に椀物に手をつけられません。このようなことが起きないためにも事前の心配りが肝要です。

※昔の椀物はふたが開かなくなる程、汁物が熱くなかったと思われる。

「界紙」は、椀の内と外を仕切る
紙として自身が料理用語として付けた造語です。
少人数にうまく使えば上品でもあり
大勢の膳に並んだ景色も圧巻です。

京懐石料理は京都食文化の要、京文化の誉れでありたい

後編

第一章　京懐石料理の成り立ち

Chapter 1 The Origin of Kyoto *Kaiseki Cuisine*

後編に添えて「料亭の京懐石料理」

一九六〇（昭和三十五）年から六十年間の料理人、料理屋経営双方の経験を振り返り、まず自らが時流に合わせた料理を京料理として作っていたことに対しての考えをかえりみて、改めることから始めなければなりません。

料理屋のなかでも料亭の京懐石料理として出してはいけない食材、料理があることを分かっていたつもりですが、整理すべき事の重要性に意識が及ばなかったのです。料亭料理には、京都であるからこその特異性がなくてはなりません。いくらおいしくても品がなければ京懐石ではありません。あらためて考えてみれば、現在の料理は江戸時代の公家、大名、武士、粋人、（数奇者）商人、庶民、要するに「天下人から庶民」にいたる、豪華、贅沢、派手、精進、茶懐石。地形条件から生まれた多くのおかず、そして、各地方の郷土名産料理と、様々な人々が、それぞれに合った食事をしていたのですが、現在はこれらすべての料理を組み込んだものが料理屋料理です。そうなれば当然この多種多様な料理を「雅やかに」に基づき線引をして整理しなければ複雑すぎてとても節度ある融合された京懐石を作り出すことは出きません。時代が変わっても、なにも変わりません。富裕層には贅沢自慢の大名料理を出すだけになります。つまり雅やかな料理であることが進化した京料理とするなら時代に即し京料理、京懐石の概念を明確にした定義を確立しなければいつまでも品位ある京料理は作り出せないと言うことです。修業中の若者がとまどうのは当然です。

前編でも述べていますように豪華で贅沢、多国籍な料理は他府県でも食べることができます。品のある料理とは、たとえ高価な食材を使っても公家や仏教、茶道の世界で培われてきた長い歴史の中で、自然に備わった、控えめの中にも洗練された「雅やかさ」を表現する料理、派手よりも「はんなり」と、豪華よりも「質素」に、高価なものも「慎《つつ》ましく」、濃厚なものも「控え目」に常に枯淡な料理を心がけ表現することが、節度をわきまえた理性ある京懐石の「姿」と考えます。料理屋も「商い」の料理です。華がなく、陰気な料理ではせっかくの接待も台無しになります。料理屋料理としての雅やかな「さび」とでもいうのでしょうか。料亭料理の品格を保ちながら華のある料理を考えていくべきかと思われます。後編では京懐石を京料理の主軸として、さらに詳しく京料理人として道理の是非を含めて考えてみました。品位ある料理を創意することに必要性、価値観を見失った時には、もはや動物的「食欲対応食」にすぎない食べ物になります。

一　茶懐石のこと

初めに現在の京料理、京懐石料理の「根源」でもある「茶懐石」との関わりについてあらましの説明をしておくことで、茶懐石の精神に準ずる京懐石のあるべき姿、本書が問うところの趣旨でもあるもてなしの料理を基本とすべきことを、理解していただけると思います。かくいう私もその本質を知るでもなく、少ない史料、経験から料理人としての理解にとどまっています。

茶懐石は茶事において濃茶・薄茶の前にお客様に対して亭主自ら料理でもてなす食事なのです。つまり「茶」をおいしく飲むための軽い料理のことです。しかし、今日では料理屋が茶室を設けて茶懐石を「商い」として提供しています。いずれにしても、一般的には今も昔も庶民には縁の遠いものです。料理人にも奥深い世界は知る由もありませんが、茶の湯の精神でもあるお客様をもてなす料理、食べやすく、食べた後の器もきれいに趣のある料理等の意義は同じであるべきとの思いで、料亭における京懐石の是非を重ねて考えてみました。

「茶会の始まり」

茶人「千利休」以前の室町時代（中期）は、茶会といっても名ばかりで、「千利休」以後の茶懐石とはかけ離れており、実際には「武家の本膳料理」が出される酒宴が主役で「茶は添えもの」として飲まれていたと『懐石の研究　わび茶の食礼』（筒井紘一著）にあります。この時代の茶会の席を「会席」といい、茶会の料理のことを「会膳」と称していましたが、会席が料理を指す場合もあり曖昧であったことも記されています。

このかたちは室町後期頃まで続いた。そのようなあり方を大きく質的に変えたのは侘茶の祖といわれる村田珠光一四二三～一五〇二（応永年間）で、さらに武蔵野紹鷗一五〇二～五五（文亀～弘治）から千利休一五二二～九一（大永年間）にかけて禅との結びつきが強化されて精神性を重視する茶の湯が成立していった。ここに酒宴の食事と茶との関係が逆転し、茶会の料理として「懐石」が整ったとあります。一五三二～五五（天文年間）のはじめ頃です。懐石の「語」が始めて出るのは天明七年（一七八七）二月十四の茶会とされる。

◆古田織部＝千利休の教えを継承しながら創意工夫を重ね「わびた料理に器の着物を着せて懐石に華を咲かせた」といわれる（二代将軍徳川秀忠の茶の湯の指南役）。

◆小堀遠州＝古田織部に茶道を学び王朝時代を意識した「きれいさび」という遠州流を創りあげた（徳川家光の茶道師範）。

「わびた料理に器の着物」「きれいさび」と、茶道に名を残した茶人もまた京懐石の歴史の中にいます。そのようなことを少しでも思いながら京懐石を見れば、おろそかに料理はできません。軽々に捉《とら》えては京懐石が品格を見失います。

茶懐石をまねることだけで京料理の根本を理解している料理屋の「証」、正統派の料理人でもあるかのように自ら建前としていた、所詮は、付け焼刃に過ぎない知識を除いてみても、茶の湯のその美しき所作は今日においても世界に誇れる文化です。

作法・約束事は各流派によって異なろうと、茶の湯の本来の趣旨はどのように時代が変わっても「もてなしの心配り」にあると理解し、茶懐石の約束事を学びながら、その中で料理人としてさらに食べよく、上品な料理の道を見つけることが、料亭料理の進化にもつながると確信しています。

また、各家庭においてもお客様をお招きする料理は、箸で切り離せるもの、ひと口で食べきれるもの、骨、殻のあるものは取り除いておく・食べた後の器がきれいといった、茶事文化のある日本ならではの心づかいがうかがえる料理も考えてみてはどうでしょう。

たとえ洋風料理であっても日本食文化のいいところは取り入れなければすべてが失われてしまいます。（一七三頁　盛り付け参照）

ちなみに、茶道は男社会の文化として発展、（江戸前期頃までは茶の湯の「席」が政治ともからんだ「場」であったからでしょうか）江戸中期には、貴婦人も始めたと言われています。明治時代に入り、女性のたしなみ、礼儀作法として女学校にとり入れられて一般社会に広まっていったとされます。

コラム

品の良さ

京懐石の特徴のひとつに、洋風料理と比べて、食事をした後の器の中がきれいなことです。これは精進料理、茶懐石から学んでいます。世界に誇れる品の良さです。

二　「茶懐石」と料理屋の「京懐石」のちがい

　茶懐石も京料理と思っている人が多いように思われます。持論になりますが、「茶懐石」の料理を京料理と呼称するのは間違いだと思っています。精進料理が寺院の料理として確立されているように、茶懐石は茶の湯の世界の料理です。「商い」としての料理屋料理とは、その趣旨が違います。茶懐石は亭主が簡素ながらも自ら心を尽くして料理を作り、もてなすもので「商い」ではありません。料理の技術だけを取り出せばけっして難しい料理はありません。言葉をかえれば料理人（プロ）の料理ではありません。いつの頃からか、今日のように亭主に代わり料理屋がこれを受けて茶懐石を作るようになり、「商い」としての料理に変わるなかで、京料理と混同されています。「京料理」「京懐石」が茶懐石の影響を大きく受けて継承されていることを見れば、広くいえば一つ一つの料理そのものは清粋な京料理といえるのかもしれませんが、京懐石の料理とは少し異なります。

　料理屋の料理には食材、調理法、演出、趣向、器、盛り付、出し方、旋律、情緒すべてを組み込まなければなりません。茶の湯の懐石（料理）には季節感はありますが旋律はありません。茶事においては一連の流れの中に亭主の思いのすべてが込められますが「懐石」そのものは茶事一連の中のひとつにすぎません。

茶懐石と京懐石の料理法にも一部重なる面もありますが、まったく違っていることは料理を巧《たく》まない構成の妙、そして「足るを知る」ことでしょうか。京懐石は「商い」ゆえに、どうしても工夫・趣向を凝らして巧まざるをえない面があります。

料理人にとって茶懐石が出来ることよりもまず京懐石を理解、習得することが肝要かとおもわれます京料理はまだまだ確立されていません。諸外国の料理に手を出すほど安易に出来る、奥の浅い料理ではありません。

※一五三二～五五（天文年間）茶会の料理として「懐石」が整ったとあります。京懐石は今だに定義も確立されていません、五百年余りも遅れていることになるのでしょうか。　茶会の始まり—（一三七頁参）

三　茶懐石と京懐石。「懐石」の文字が同じなのは

現在多くの料理屋が使っている「懐石」の文字は、もともと「会席」が戦後になって「懐石」に変わったのです。女性が料理屋に出入りするようになり、欧米食文化の影響も受けて、美意識、趣のある食事へと変わる中で、「懐石」の文字を徐々に用いるようになったのです。茶の湯の文字（懐石）を使うことに一種、料理の重さ、格好よさを覚えた面もあったのです。「欧風懐石」「カウンター懐石」「寿司懐石」「そば、豆腐、天ぷら懐石」等もその便乗です。

茶の湯は禅の影響を受けて「温石《おんじゃく》」（禅宗寺院で僧が修行中空腹をしのぐために温めた石を懐に入れ一時の空腹をしのいだ、「仏教語」）の意から、懐《ふところ》の石《いし》、つまり「その程度の簡素な料理」という思いですが、「商い」として料理屋がイメージだけで「懐石」の文字を用いるのは、本来不謹慎なことかもしれません。

また「茶懐石」での「懐石」の文字は「料理」そのものを指しているので、「懐石料理」とはいわない、との説もあります。一方、料理屋が使っている「懐石」は「会席」の、コース料理を意識しての名称になります。

余談ですが、「利久弁当」「利久麩《ふ》」といった商品名や、また「利休好み」とされる料理名（利久煮、利久豆腐、利久ぁん）などには、「休」の字を使わずに「久」の字をあてています。これは商売をする人々には「休」の文字が休《やす》むとしての忌《き》み言葉だからともいわれているようです。

打　水…茶席にて客を迎える門前に打水をする。これは茶事の約束事のひとつとし、用意がとゝのいましたの知らせでもあります。水には清浄感を感じさせる、すがすがしさがあり、料理屋の入口に打ち水がしてあると趣が一変します。店に入らずして、店主のこだわりをうかがうことができます。

茶筅水《ちゃせんみず》…茶懐石においても五月の初風炉から十月の風炉の終わりまで、椀物のふた、料理を盛り付けた横に茶筅で水をふりかけます。これを「茶筅水、露打《つゆう》ち」といい、清涼感、清浄感を与えます。これをまねて料理屋では年中、盛り付けた料理の空間の演出にも用いますが、茶筅水ひとつにも料理人の心がみえます。くれぐれも控え目であることが清楚で、効果も引き立ちます。

四　京料理の成り立ち

京料理が形成される上で基礎（母体）にあるものはおおよそ「精進料理」「本膳料理」「茶懐石」の三体系に分類できるでしょう。これら伝統の料理を料理人としての理解の中でのあらましを図にしてみました。

江戸時代からの料理の流れが、現在の京懐石につながる経緯を見てみます。

■精進料理

仏教とともに中国から日本に伝わり、鎌倉時代以降、殺生の禁断令が一般的にも浸透し禅寺で発達確立されました。肉や魚、匂いの強い野菜を避けた野菜、精進物を主とした料理、茶懐石にも大きな影響を及ぼし、江戸中期頃からは一般庶民のおかずとしても普及した（特に千利休は精進料理を多用した）。京料理の薄味は、精進料理の影響が大きい。

■ 本膳料理

室町時代に武家社会を中心に確立された儀礼料理で、江戸時代には武家以外にも広がり、略式の袱紗《ふくさ》料理などとして庶民の結婚式などの祝いの席で登場するようになり、現在の会席料理形式は、この本膳料理が江戸後期には精進料理、懐石を取り入れ、会席料理に変化していきます。しかしこの本膳料理の定義も明確ではないともいわれています。現在、昔の面影を残す本膳料理は、地方の格式ある旧家の結婚式ぐらいといわれます。

■ 茶懐石

茶事で出される簡素な料理で、室町時代に発展、もともとは茶会の席の膳として「会膳料理」「会席」ともしていましたが、利休以後、「懐石」の文字を当て、茶会の料理を指すようになりました。「懐石」が「語」として表に出るのは一七八七年（天明七年）といわれています。**この懐石によって本膳の羅列膳**（並べる）**が、茶懐石の「時系列膳」**（一品ずつ出す）**料理に変わり、これらの「様式」が、現在の会席、料亭の京懐石に継承されています。**

「京懐石料理成り立ち図」

京懐石が形成される上で基礎にあるものは、左図の「本膳料理」「精進料理」「茶懐石」の三体系に分類できる。

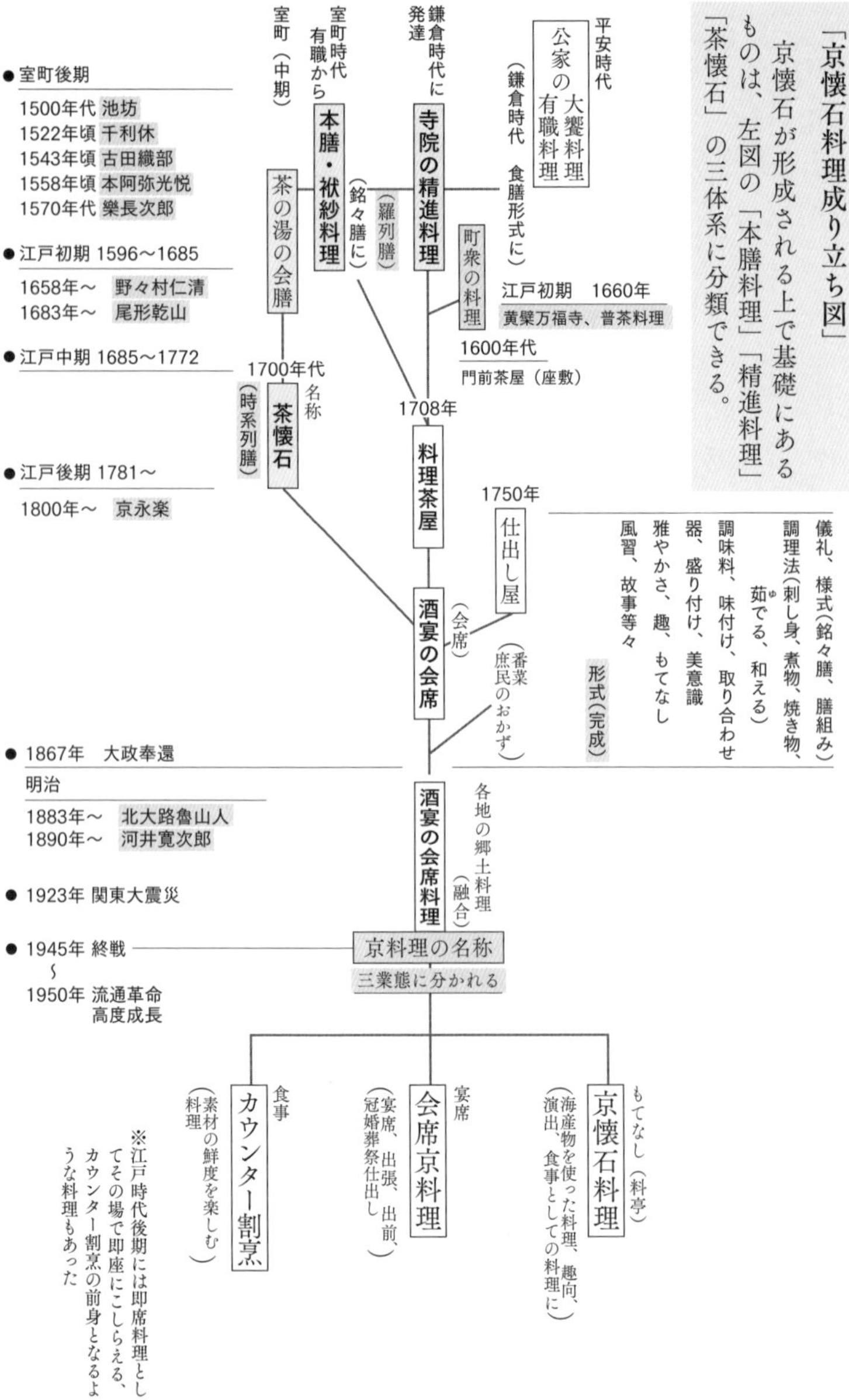

平安時代
大饗料理
公家の有職料理
（鎌倉時代　食膳形式に）
鎌倉時代に発達
寺院の精進料理
（羅列膳）
室町時代有職から
本膳・袱紗料理
（銘々膳に）
室町（中期）
茶の湯の会膳
町衆の料理
江戸初期　1660年
黄檗万福寺、普茶料理
1600年代
門前茶屋（座敷）
1700年代
名称
茶懐石
（時系列膳）
1708年
料理茶屋
1750年
仕出し屋
酒宴の会席
（会席）
（番菜 庶民のおかず）
儀礼、様式（銘々膳、膳組み）
調理法（刺し身、煮物、焼き物、茹《ゆ》でる、和える）
調味料、味付け、取り合わせ
器、盛り付け、美意識
雅やかさ、趣、もてなし
風習、故事等々
形式（完成）
● 室町後期
1500年代 池坊
1522年頃 千利休
1543年頃 古田織部
1558年頃 本阿弥光悦
1570年代 樂長次郎
● 江戸初期 1596～1685
1658年～ 野々村仁清
1683年～ 尾形乾山
● 江戸中期 1685～1772
● 江戸後期 1781～
1800年～ 京永楽
● 1867年 大政奉還
明治
1883年～ 北大路魯山人
1890年～ 河井寛次郎
● 1923年 関東大震災
● 1945年 終戦
～
1950年 流通革命 高度成長
酒宴の会席料理
各地の郷土料理（融合）
京料理の名称
三業態に分かれる
食事
カウンター割烹
（素材の鮮度を楽しむ料理）
宴席
会席京料理
（宴席、出張、出前、冠婚葬祭仕出し）
もてなし（料亭）
京懐石料理
（海産物を使った料理、趣向、演出、食事としての料理に）
※江戸時代後期には即席料理としてその場で即座にこしらえる、カウンター割烹の前身となるような料理もあった

五体系

公衆は上品で悪式ある（大饗、有職料理）平安時代
禅僧は質素な（精進料理）鎌倉時代
武家は豪華で贅沢な（本膳料理）室町時代
茶人は趣、節度ある（茶懐石）室町後期（天文年間）
町衆は庶民よりも少し贅沢な（ハレの日の料理）
室町後期

庶民（町人）は質素な日常のおかず（川魚、野菜類）

※五体系が京料理の源泉とするのなら番菜は江戸時代後期であり五体系には含まれない。江戸時代の町（内）の衆（裕福な層、町人）等のお番菜にはタイのアラ炊き料理もあったようです。

○茶屋いろいろ

江戸中期

料理茶屋（現在の料理屋の先駆けとして会席料理を出していた）
門前茶屋
豆腐茶屋（二十軒以上あったといわれる）
かけ茶屋
色茶屋―（女性を抱えておく茶屋）
水茶屋―（路傍で湯茶を出し休息させた店）

江戸後期

○生け簀料理―川の流れをせき止めて川魚を囲って料理
○即席料理―その場で即座にこしらえる当座飯カウンター割烹の前身とも
○仕出し屋―一七五〇年頃から魚屋とともに飯を食べさせる店もあった
堤げ重箱、婚礼料理等を請ける

（以上、料理人としての理解と解釈の範囲内でおおよその系譜を図にしてみました）

五　「京懐石料理屋」「京会席料理屋」「京割烹料理屋」の業態と料理の主な違い

現在、「京料理」を提供している料理屋は巻頭のように「京会席料理」「京懐石料理」「カウンター割烹料理」とおおよそ三つの業態に分かれています。各業態によって京料理のとらえ方、提供の仕方も変わりますが、時代が変化しても食材による「味付け」「取り合わせ」「美意識」といった伝統的な調理法を基本とし、京料理を冠する上では守るべきという認識を共有することができると思われます。

■京会席料理屋

京会席料理は本膳料理の流れを継ぎながらも時代とともに変化し、現在の会席料理は食べきれるほどの量、「喰い切りの会席料理（時系列膳）」となっています。「宴席」、「出張料理」「冠婚葬祭」、「出前」といった料理を主軸にしている。又、「趣」ある料理も取り入れて、京料理屋として幅広く対応しています。地元の利用客が主力となるので、特別京料理としてこだわらない料理もありますが根底にかよう精神、理念は同じです。

※料理の特徴…やや庶民向き、地元向きの料理、味付けです。ボリュームも必要とされる。また、趣向、演出を組み込んだ料理も出しますが、**その日のその料理は「会席」ではなく「京懐石料理」になるでしょう。**
おせち料理等は昔からの得意分野です。

■京懐石料理屋

料理内容は、会席料理、精進、茶懐石、日本中のあらゆる名産品を取り入れ京懐石として融合させ、戦前、戦後に発展したコース料理、庭、部屋、室礼《しつらい》をもって拵《こしら》え、料理屋文化の神髄を楽しめる京都固有のもてなし食事処を料亭と称している（店、しつらいは異なる）。
※料理の特徴…素材を強調するのではなく、日本の風土、風物詩、風趣、季節感、文化、工芸品、因み仕事等を取り入れたコース料理です。

■カウンター（板前）割烹屋

昭和初期に登場し、戦後急速に発展した、まだ百年ほどの歴史です。当初の料理は魚を主とした江戸時代の河岸料理、即席料理といわれていた色合いが濃く、京の食文化とのつながりはなかったのですが、高度成長とともに会席料理屋からの独立者も増え、伝統的な京都の味付け、調理法を取り入れ素材を生かしたカウンター割烹のスタイルとして全国に発展。

※料理の特徴…

近年カウンター店の料理内容が、明確に三通りに分かれてきました。

一、カウンター割烹（一品料理）素材のおいしさを、そのまま味わう料理
一、カウンター会席（一品料理をコース仕立てに組み合わせた料理）
一、カウンター懐石（カウンター独自の演出、趣向を取り入れたコース料理）

この傾向は今後も続いていくように思われます。食事の楽しさを身近に感じる料理を提供する。カウンタースタイルの食文化は、今後も枠にとらわれない無限の広がりが楽しめます。しかし、どこまでも京都を弁《わきま》えての料理内容でありたいものです。

割烹店と料亭料理の違いを端的に言えば、あまり手を加えずに食材のおいしさを提供、比較的どのような食材も使えるのが割烹店の料理です。この料理をさらに楽しんでいただけるよう上品に効果を加える。食材を制約されるのが料亭の京懐石になるでしょう。言いかえれば、カウンター割烹で料亭の料理は味わえない、料亭でカウンターの料理は出せない、現在はこの両者が入り混ざっています。料亭料理の線引きだけはしておくべきです。

酒肴（秋）　**器**・香合風珍味入れ　薪舟

◆茸、こうじ和え

薪を積み、渓谷を下る秋の風景を表現

時を楽しみながら

――酒肴（二一六頁参照）

雅やかな美意識の中でのみ　京料理、京懐石が存在し、品位が保たれる
制約のない料理は継承に値しない

後編　第二章　「料亭」京懐石の理念と制約

Chapter 2 Principles and Constraints of Traditional Japanese Restaurants (*Ryotei*) Serving Kyoto Kaiseki Cuisine

一　京料理に制約はあるのか　制約が本質 品位を保つ

近年、次のような条例ができました。二〇一八年（平成三〇年）十月から、ワインに使用するブドウの八五％以上がワイン製造地産のブドウを使用しなければその地名のラベルを貼れないことになりました。厳しいのか当然のことなのかすべての事、物にはルール、決り事、基準、制約があるものです。

それでは「京料理」という用語（名称）を使うにはどのような条件が義務付けられているのでしょうか。前項からも述べているように現在の京料理には、制約も規制もありません。京都の料理屋で出てくる料理が京料理とされているようです。食材だけで見れば、八〇～九〇％が京都以外の食材で料理を作っています。まずワインのように京料理のラベルを貼ることはできないでしょう。失格です。それでは京都で作る料理は京料理ということでいいのでしょうか。定義や制約がなければ他府県の料理も京都で出せば京料理になってしまいます。京都の職人までもが、どのような料理であっても京料理としているのは、京の知名度に甘えているようにしか思えません。本来、京料理のブランド名を冠する限り、自由な料理であってはいけないことは当然だと思います。なにごとにも適正な制約が、質のいい仕事を生み出すものと思われます。制約の中で苦しむことで、京懐石の価値観が見えてくるのかもしれません。

茶の湯に置いても作法、約束事のなかで茶事がとりおこなわれます。それをもってどの「地」においても各流派の茶事を楽しむことができるように。その決まりごとの所作、ふるまいに品位をおぼえて感銘するのです。約束事は品位を保ち守ることでもあります。

基準も制約もない現在、自身の中にあるべき京料理の姿を見いだし、まず、料理人それぞれが、信念を持って潔く貫くほかありません。そうすることで食する人もメディアも料理人おのおのの定める京料理、こだわりを確認することができます。

※自身が今作っている料理は「何」を以《もっ》ての「なに」料理なのか

※制約の中にも創造できる自由はある。箍《たが》を外せば京料理もまとまりのないただの高額料理にすぎません。

※規制の厳しい料亭、京懐石を頂点とし、裾野に沿って食する人の層が広がり、それに応じて料理が自由であることは、規制の限りではありません。

※「京の宇治茶にも定義があります。公益社団法人京都府茶葉会議所が二〇〇四年に宇治茶の定義を決定している。」

二　もてなしの食礼　京料理人の心得として

すべての生物の「食べる」という行為、姿は決して美しい光景ではありません。動物にとっては生存であり、人間にとっては生活であり、感情のエネルギー源でもあるでしょう。年月を経て食べる動作の見苦しさに気付き、人前での恥じらいを意識し、そこに食礼、作法が生まれます。所作、立ち居振る舞いにも気を配り、美しく見せようと心がけます。

また各家庭においても行儀よく食べることを教えます。それをもって初めて大切な折々にも人前でマナーある食事ができるものと思います。しかし、いくら食べる人が見苦しくない食事をしようと心がけても、出される料理が食べにくい料理ではどうにもなりません。手が汚れる。大きな口を開けなければいけない。噛《か》み残しを器に戻さなくてはいけない。食べた後の器の上が汚くなる。このような料理では、とても茶懐石を母体として派生した料亭の京懐石料理とはいえません。人は人の所作に気付くものです。同席の方に、はしたない所作を見せるわけにはいきません。そのような料理は出さないように料理人が心を配らなければ、安心して箸をつけられません。食事に招くことも、招かれることにも不安になります。上品な食べ方ができる、そのような料理こそが今、最も求められる完成された食文化のように思われます。上品に食事をすることは、文化人の証しでもありその国の文明度、料理の完成度を表す指標でもあります。

昭和初期にカウンター料理が登場、外食も多くなり当然食べるしぐさもあからさまとなる訳です。食事の心得も変化して人前においても食べることに恥じらいを感じなくなった時代になって来ました。しかしどのような時代になっても場所に応じたマナーが必要と思われます。

食事の美の本質は、食べた後の美しさではないでしょうか。周りへの気遣いでもあり食への感謝でもあります。つまり、この所作を成立させるには、料理人の心得が不可欠です。茶懐石をまね事としても料理人にできることは、先ず食する人が気遣うことなく、意識せず品良く食べ終えられるように調理すべきです。

料理人の心得は、食礼に直接関係します。

料理に品がなく、調理法に制約なく、食欲に節度がなくて品のいい食文化発展が望めるでしょうか。あらゆる文化の「源《みなもと》」では。

一人問答　料亭、一輪の花

カウンター割烹店で、花を生けている店がめっきり少なくなってきました。目に入ってくるのはメニュー書きと器、そして魚だけでは、立派な料理を出してもただ食べさせるだけの店のようで、京都らしさのない一抹の寂しさを覚えます。

料亭では当然のこととして季節の花を生けますが、座敷には、いかにも洋花を生けるわけにはいきません。床の間に香りの強い花は料理の妨げになります。派手な花でもいけません。ひと目で「きれい」では余情がない、花だけの力です。ここから先に生け手の情感が入ります。「型」だけでは楷書と同じ、心が見えません。目立ちすぎてもいけないのです。見る人がその花に「意」をとめて初めて、その人の心に入り感性を誘い、感動を覚えていただく「静」が「動」になる瞬間です。品のある慎ましやかさとでもいうのでしょうか。洋花や目立った花では座敷の空気が一変します。生け花も料理も移りゆく四季を楽しむ国柄だからこそ、料亭の京懐石は「和の食材」だけでという制約の中で考え出さなくてはいけないように思われます。一輪の花にも店主の理《ことわり》を表現します

（一つの花器に和花と洋花を生けたような料理を見かけることも多くなりました）。

三　「料亭」京懐石の理念と制約（伝統的調理法）

京料理の中においても料亭の京懐石の理念は大変重要かと思われます。

京料理全体の品位、品格を保つことでもあります。曖昧にすることは根幹を揺るがし、京料理の崩壊にもつながります。雅やかな美意識の中で作る料理のみに、京懐石が存在することは改めて言うまでもありません。

京懐石には食べることのおいしさとは別の価値観があります。それは理念、制約を尊重する意識から生まれ京懐石を理解する人によって継承されます。

ここでは京懐石の理念にそって、「雅やか（品）」に照らして次の基準に当てはめて制約を考えてみました。京懐石とはあらゆる素材を京都らしく上品に仕上げる「調理法」によって決定づけられます。

左記の項目はすべて調理法に一貫するものの区分けです。

「食材」「下ごしらえ」「調理法」「味つけ」「盛り付け、器」「演出、趣向」です。

■京懐石料理、理念の心得として

（一）食材　（食材を見極める）――匂いにも注意（一六一頁）

（二）下ごしらえ　（食べやすさ、大きさ、切り方）――京料理として重要、美意識、品位を表す（一六二頁）

（三）調理法　（安心して箸をつけられる）――料理そのものに手を添えなくていい（一六四頁）

（四）味付け　（素材を生かす。清粋な味に）――味付けは料理の品格を表す、醤油色、要注意（一六六頁）

（五）盛り付け　（洗練された都風の感性で）――飾りすぎない（一七三頁）

（六）演出・趣向　（巧みすぎない）――理にかなった情緒ある趣（一七六頁）

（一）食材（食材を見極める）

京都は現在も数多くの食材を日本各地に頼らなければなりません。この食材を使いこなして、いかに雅やかに仕上げるかが原点になります。避けるべき注意すべき食材を少し挙げてみました。洋風食材は論外です。京懐石に合う食材を見極めることも大切なことです。また、会席料理、カウンター割烹で使うことができても、京懐石料理としては使いにくい食材もあります。

料理には見た目にも京料理としての薫り、京情緒がなくては京料理にはなりません。洋食材ではとてもその空気感は出せない、くれぐれも洋食材で京懐石の良さまで壊してしまわない、日本料理と京料理、京会席料理、京懐石料理、自店の名物料理と使い分けた料理を慎重にすべきのようです。戦後の旅館料理、折衷料理を引きずらない。

一、季節感を大きく損なうもの、特に野菜類は注意
一、下手物、奇妙なもの、姿・臭い・味にくせのあるもの
一、動くもの、殺生を感じさせるもの（昭和三十年代にはイナゴ、川ガニ、足のついたウズラ、スズメなども料理に出していた）

一、特異性の強い地方の名産物　　　　（京都らしさを出せないもの）
一、安っぽさを払拭できない食材　　　（調理法、巻く、包む、掛けるを考える）
一、目鼻に刺激の強い香料、食材　　　（量を考える、水に晒す）
一、ねばりが箸に残るもの　　　　　　（納豆、芋、小倉等）

（二）下ごしらえ（食べやすさ、大きさ、切り方）

日本料理の原点は素材のうまさ、その持ち味を生かすことにあります。典型的な料理が「刺し身」であり、「鱠《なます》」「焼き魚」「煮魚」です。料理文化の発達は時代の流れほど速く進行しません。例えば明治以降ほぼ一世紀半を要しても調理法そのものには、さほど目立った変化を感じません。戦後に大変革したのは、内容、素材の価値観、美的感覚、上品さのとらえ方です。元来、美意識、品の良さが重要視される京料理、その出来栄えを左右する、下ごしらえにこだわったものです（角のあるものは崩さず、扇面、五角、面取り、化粧包丁、細工包丁、食材の色）といった下ごしらえの美から現在は、盛り付け重視の美に変り、いらない飾りが多くなった。

■ 面取り

野菜の切り口の角が煮崩れしないように角を取っておくことですが、あえて角を残して煮崩れしないように炊き上げて、角の立った美しさのこだわりを見せる場面もあります。どちらでもなく、ただ煮崩れしているのは、こだわりがないだけです。上からソース類を掛けて繕《つくろ》えば分からないので調理過程はおろそかにする。それでは京料理になりません。

■ 隠し包丁

大きなものや硬いものを箸で切り離せるように、食材の裏などに包丁を入れておくことです。つまり上品に食べられるようにしておく仕事です。大きなものを噛み残して歯形がついたものを器に戻させる。噛み切れずにそのままほうばってしまう。そのような調理の仕方は料理人の恥です。

■ 化粧包丁

小魚の頭尾、サヤ豆類の端などをきれいに切り揃えておく包丁の入れ方です。化粧包丁は上品に仕上げるのには大変重要です。食材のけじめになります。料理人のちょっとしたこだわりで、上品で口当たりもよくなるのです。たとえば、白魚は見るからに繊細な姿、色、味と、まさに、京料理にふさわしい魚ですが、頭、尾を切り落して揃えなければ、せっかくの上品さも食感も半減してしまいます。

ちなみに早春の白魚は身が繊細で、火の通ったものを箸で挟むと二つに折れてしまいます。料理人泣かせの扱いにくい魚です。この白魚に骨を刺し入れると箸で挟んでも折れません。

実は白魚の一尾一尾に細い〝骨〟を刺すのです。春雨、葛切り類の極細を骨の代わりに刺すのです（身割れしやすい切り身魚、サワラ、タイにも楊枝《ようじ》代わりに刺します）。これまで骨を抜く調理法はあっても、骨を刺すことはありませんでした。火を入れるとまったく分かりません。

(三) 調理法（安心して箸をつけられる）

ここでは、料理の作り方ではなく、料理を作るにあたっての心得です。茶懐石が大きく反映します。女性客には特に注意。

料亭ではお客様がこられる前に芸妓さん舞妓さんの食事を先に出す場合があります。特に注意していたことは、口元が汚れないよう、おちょぼ口で食べられるような料理を出すことです。女性の方にはそのような心づかいも大切に思います。

一、安心して食べられることが第一条件
（口元が汚れない、手を使わなくてもよい、汁が落ちこぼれない。食べるしぐさが見苦しくないように調理する）
一、箸ではさみにくい物は、挟めるようにする
（丸い物、すべる物、小さすぎる物、大きすぎる物）
一、食べた後の器に残り物がないように工夫する、食べた後の器が汚くない
（粉物、かけ物、大きな包み物、魚の頭尾、殻、皮、小骨等が器に残らない）
一、食べ方が分からない、食べにくい料理は出さない
（どこから箸をつけていいのか分からない、姿のままの魚等）
一、食べ音が大きくないように調理する
（長い物、固い物、ねばり物）

(四) 味付け (素材を生かす上品な味付け、色付け)

日本料理の味付けは、素材の持ち味を生かすことが基本です。複雑な味付けはしません。濃、淡だけの非常に単純な味付けです。この分かりやすい味付けが日本の風土、文化の中で培われてきた京料理の特徴です。

味付けにはおなかを膨らませることが目的の食べるためにおいしく濃くした味付けと、しみじみと余韻を楽しむ味付けがあります。もちろん後者が京懐石料理に通じる味付けになります。料理人としてはこのちがいに意識を持って味付けすることが非常に大切になってきます。調味料の味でおいしさを感じさせるには少し甘くする。素材のおいしさを味わう味付は、甘みをひかえる。このひかえる加減がむつかしく素材の持つ旨味を把握して加減をしなくてはいけません。

■ おかずの味付けをしない

日常食べる味とくらべない、甘濃い味付けはご飯のおかずの味付けになる。

◆甘すぎない　◆濃すぎない

◆複雑な味付けはしない　◆醤油色を付けすぎない　◆出汁の濃さが主菜の持ち味に勝たない

■味の中に動きがある

ひと口目でおいしいではなく、味の中に一連の動きがあることです。一口目はやや薄く、そして、素材の味、食べ終えた後味と、ゆっくりと伝わってくる味。京の味の基本のように思われます。

京懐石の味付けにはコクのある味はあまり多くを必要としません「さらっ」とした清粋な後口が心情です。白味噌汁も甘ごゆくせずにあっさりと仕上げるのが本来の料亭の味です。甘い物の少なかった昔の味付けを引きずらない。（コイこく、アメ煮等）

■隠し味

例えば京水菜を炊く場合「隠し味醂」として少量の甘みを加えます。そして炊き上がり直前に、スダチ、カボス、柚子といった柑橘類の汁を少量「隠し酢」としてしぼります。酸味を強く感じない、適度にさわやかなおいしさになります。うまく使う。

■料亭の味

現代人は「品のいい味」「品の悪い味」ということを、どのくらい理解しているでしょうか。京の「おばんざい」の語源となった江戸時代にまとめられた料理書『年中番菜録』にも上品、下品という言葉が献立の説明に頻繁に登場します。その中には「魚類のおばんざいは下品で上品なのは精進なり、人に勧める時には、よくよくわきまえるべし」とあります。昔から野菜料理が多かった京都の味は品がいいといわれますが、おいしいとはあまり聞きません。品のいい味といわれるものは、おおよそ、おいしいとはされないものです。精進料理もまずい料理、つまり粗食の代名詞でした。一方、けっして上品な味とはいえないのですが、大衆料理、濃い味付けはそれなりにおいしく感じます。丼物、ラーメン、カレーのように誰が食べてもひと口でうまい、と感じる味はあまり上品な味とはいえませんが、しっかり分かりやすく付いています。食べ終えてからも口内に調味料の味が残っている味付けです。この味は皮肉にもクセになる味で、街中で行列ができている店の大方はこのひと口でうまいと感じる濃い味の店です。上品な薄味の店はあまり並んでいるのを見かけません。ひとことで言えば、京味以外の味です。残念ながら濃い目の味が今日《こん》は料理屋にまで及んでいるようです。

上品な味付けといわれる料亭の味は、その面では「うまい」と単純に好まれる味ではありません。少し間違えて薄くなると、水くさく、まずい味に一変してしまう危険性があります。左記の図のように、一般的においしいとされるⒶ〜㋺のラインより、京の味はやや薄め㋺〜㋩でしょうか。

京都ではちょっと薄目の味、上品さを感じる料理を味わっていただきたいと思います。薄味のおいしさが分かるともう濃い味付けの料理は受け付けなくなります。

◆濃い味好みの［Ⓐ］〜［㋑］間は、味の幅があるので味付けがしやすい。

◆薄い味好みの［Ⓐ］〜［㋺㋩］間は、味の幅が狭く、それより少しでも薄くなると水くさいといわれる、まずい味になる。微妙で大変むつかしいラインの味です。味付けをする時にはどのラインかを想像しながら味を探すことが大事です。

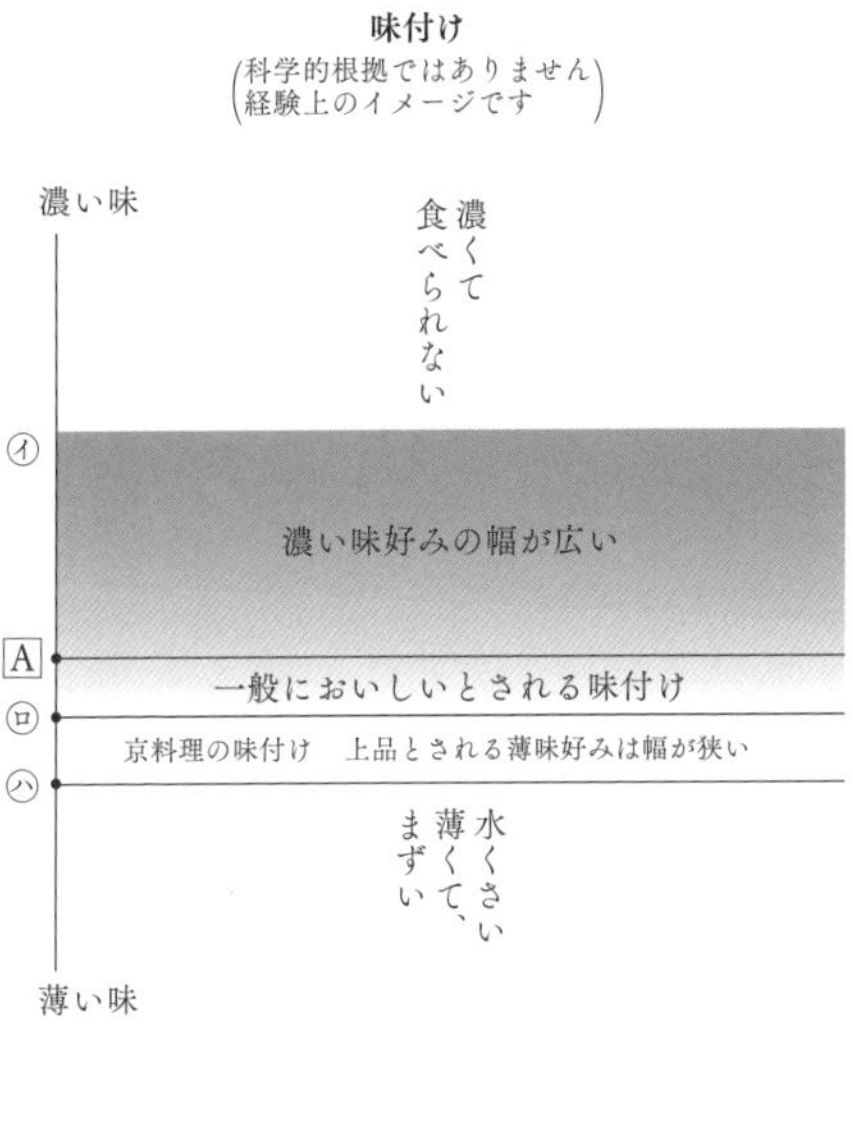

■ 味付けは頭で、味見は舌で

料理の味付けは頭で付けます。また割烹料理の味付けと京懐石のコース料理の味付けは若干違います。割烹店は単品それぞれの料理をおいしくしなければなりません。しかし、京懐石はコース全体のバランスを考えて味付けをします。前に出した料理の味と次に出す料理の味を考えながら、今作っている料理の味付けをします。濃い味の後の薄味は特に注意しなければ、水っぽく感じてしまいます。味付けは料理人が作意を持って頭で付けます。味見はお客様が舌でみて感じます。汁物の味付けの一口目は出し汁の濃さ、具材と、それぞれの味加減を想定する。そして二口目はもう一度全体の味に集中します。同時にお客様の年齢を考えながら味加減を決定します。※味みの猪口（濃い目の味みは皿物で、汁物の味みは、口のひらたい猪口物で）

■「口内調味」

日本料理の味付けは、「口内調味」の料理が多くあります。主菜の料理に別の味を添えて同時に食べる。口の中で嚙みながら混ぜ合わせて、そのバランスでおいしさを感じるのです。身近なものでは、「刺し身」を食べるときにワサビと醬油をつけて嚙みながら口内でブレンドして味わう。「焼き魚」には大根おろし、ポン酢、醬油。「おひたし」にはカツオ節と醬油、

「冷奴豆腐《ひややっこ》」にネギ、ミョウガ、醤油。アユの塩焼きにタデ酢。麺類もまたスパゲティとは違い、日本のつけ麺と薬味は、調理を何もしていません。横に添えているだけです。すべて口内でブレンドして味わうのです。つまり別の味を口の中で嚙みながらブレンドしておいしさを感じさせているのです。（味を別に付けて食べることは平安時代の大饗料理からと言われています）

汁椀（椀物）も「具」と「汁」の味の濃度が同じくらいだとおいしく感じません。具材がやや濃く、汁の味は具の味より薄味にするのです。まず汁を飲む。少し薄く感じる。具を一口食べて、また汁を一口飲む。二口、三口と繰り返しながら汁の薄さを感じた分だけ具の量を、無意識に自分でちょうどいいくらいに加減しているのです。おむすびもまた、塩味とご飯だけを口内で嚙みながら味わいます。このとき、先にご飯全部に塩をふり混ぜて握るおむすびと、一つずつ手に塩を付けて握るのとでは味が違ってきます。手に塩をふって握ると、おむすびの表面だけに塩が付いています。そして口の中で塩の付いていない部分と一緒に嚙みながら味わいます。えんどう豆ご飯もまた、同じです。塩味を薄いめにして炊きます。お茶碗によそって、その上から微量の塩をふると、おいしさがまったく違います。このことは焼き魚のふり塩と同じです。どちらがおいしいか比べてみてください。味付けのポイントです。舌と脳でブレンドしているのでしょうか。口の中での出来事を計算しなければおいしい料理は作れません。

味付けは非常に不思議です。科学だけで解決するものではありません。このようなことがありました。

京土産の一つに「ちりめん山椒」があります。この「ちりめん山椒」に京野菜の壬生菜《みぶな》の漬物を短く切ってチリメン量の三分の一ほどを混ぜ合わせてみました。すると、壬生菜の味よりもチリメンの味だけが強く感じられて、壬生菜を加えた意味がまったくなくておいしくなかったのです。いま一度、今度は壬生菜の量をさらに多くせずに逆にチリメンの十分の一ほどに減らしてみました。すると、多く入れたときよりも壬生菜の存在感を強く感じおいしくなったのです。これらは食べる前に壬生菜が混ざっていることを目でとらえ、その少ない壬生菜の味を噛みながら無意識に探しているのではと考えました。

両方の量が同じようでは濃いめの味が際立つだけで、喧嘩をします。少ないと、その味を探して、逆に存在感を感じる、多く混ぜればおいしいというものではありません。

一度試してください。冷奴豆腐、納豆などに少量のおじゃこ、赤飯、栗ごはん、かやくご飯の具材も多すぎると邪魔になりおいしくありません。少ない方がおいしさが際立ちます。

（五）盛り付け（器）（衒《てら》わない、飾りすぎない）

日本料理の盛り付けには、日本独自の様式・約束があります。現在は、約束事を知ってか知らずか規制がないことで、自由で独創的と誤解してか。決まり事を無視しているようです。約束事、型を守ることで日本料理を日本らしく京料理らしく装うことが大切です。

日本の盛り方は、一方向から見る盛り付けで、図案模様のように前後のない盛り付けはしません。器も形や素材が重なる組み合わせ（例えば、角の木地八寸には角物の器をのせない、丸には丸いものはのせない。同じように、漆器に漆器、陶器の皿には陶磁器の、木地には木地物をのせない）は避けます。

盛り付けは、一ミリの上下、左右、角度にこだわります。京懐石の中では非常に高い感性が求められます。重要なポジションの仕事をしているという強い美意識がなければ、いくら上手に調理をしても盛り付け方ひとつですべてが台無しになってしまいます。京懐石は器あっての料理です。京料理らしく装《よそ》おう情緒が必要とされるからです。鰯《いわし》煮ひとつでも、器次第で食べずしておいしさを醸し出します。京懐石は器と盛り付けを楽しむ心がなければ味わいも半減してしまいます。近頃は白い無地の器が多いようですが、器が画箋紙のようになり、季節感を料理で表現しすぎると余情がなくなります。料理の献立を考えるときは、まず時節、食材から入ります。器から料理がひらめく場合もあります。しかし、無地の器ばかりでは料理の深みを出せません。盛り付ける表現が同じようになりかねません。うまく取り入れることが大切です。器は料理を引き立てる景色（風景）、空気感です。かの古田織部、北大路魯山人は着物だとも語っています。

余談ですが私の知人の陶芸家は寒い冬に夏の器は焼きません。春には秋の器を作りません。無地の器でも同じように。きっと職人としての肌で感じるこだわりなのでしょう。

■ 盛り付けについて

一、器の内輪から料理がはみ出していない
一、洋風っぽい盛り付け、派手な盛り付けはしていない
一、浅い皿物には、流れ落ちる掛けものは盛らない、見えないように深鉢物で
一、崩れてしまうような盛り方はしていない
一、盛り付けた料理のまわりは、汁、粉、味噌（掛けもの）等で汚さない、別鉢で
（近年、料理に粉をふり散らかせている盛り付けが目立ちます。こまったものです。）
一、茶筅水《ちゃせんみず》（露打）をふりすぎていない
一、敷葉（掻敷《かいしき》）、添え葉は多すぎない、おおよそ「梅、桜」以外の花、蕾は使わない、飾

り物が料理より勝っていない

一、使い古した感がある器は使わない（名物店ではそれも売りですが料亭では汚いだけ）

一、一盛りの料理も取り分けやすく盛る

（取り分けにくい料理、あしらえ物はあらかじめ取り皿に盛りつけておく）

コラム

盛り付け

日本庭園の歴史は平安時代からといわれ、生け花の歴史は室町時代に遡ります。日本料理の盛り付けにおけるバランス感覚、日本人の前後、左右、高さのバランス感覚の原型はこの時代から始まっていたのではないでしょうか。少なくとも生け花の発祥である池坊の立花（桃山時代末期）を見ることでも、おそらくはこの影響を無視できません。多くのバランス美の根源があるように思われます。それらは盆景盛りの石の配置、料理の台盛りにも見られます。

（六）演出・趣向（巧みすぎない）

京懐石での演出・趣向に、品のいい趣を出せれば、他の料理にはない独特な料理になります。コースの中で一品は加えたいものです。うまくできれば旋律としての素材にもなり、席も盛り上がり料理にも付加価値が付いて、素晴らしい効果をもたらしますが、遊び心も間違えば児戯《じぎ》に類するといわれかねません。山里風、海辺風など郷土色の強い演出、趣向は間違うと京都らしさを損ないます。またメディア、外国人が喜ぶ評価基準を意識しすぎると、とんでもないパフォーマンス料理になりかねません。

■ 演出・趣向について

一、理に合わない派手、品のよくない演出、趣向はしない、凝らしすぎない。
一、過剰すぎて料理が負けていない
一、趣向（見立て）を直接的なもので表しすぎない（月、ウサギ、臼、きね、鬼、干支）
一、貝殻、果実、野菜類を「器」として使う場合、理にかない洗練されているか（果実類の釜物は利休の時代すでに使われていましたが、関東では江戸時代後期の文化、文政年間に登上したとも言われていますが、八百屋で買ってきた柿では風流も時代のながれで野暮ったくなります。料理屋では最後に出

される果物も考慮して）

※アケビ、柿、ホウズキ、アワビ、サザエといった物を器として使われますが「理」にかなっているかどうかです。本来ホウズキには中の実と同じように丸くして少し赤い料理を入れます。柿釜なら「柿なます」山の物との和へ物、柑橘類以外の果実の釜物に魚介類を入れることはしません。合いません。アワビ、サザエの殻にエビ、タコ、別の貝類などを入れるとおかしいように「理」にかなっていないのです。釜物はしょせん座興的な要素のものです。これが器物として陶器、漆器類にできている物なら「都」らしく上品なのですが。

演出・趣向、見立て・因《ちな》み料理は料亭には欠かせませんが、注意しなければ良くも悪くも料理のすべての感性が見えてしまいます。割烹店にはない面白さを出せる場面でもあり、楽しんでいただける演出が必要です。近年、料理屋がまるで外国人向けのショー劇場のようになっている傾向が見受けられます。目先だけの演出過剰で情趣のない演出が京懐石だと誤解されかねません。将来どこまで度を越した京料理屋になってしまうのか、心配でなりません。

京料理ブームがはじけたとき次世代にしっぺ返しがきそうです。戯れもほどほどに。

定義なくして「京料理」の名称を冠することはできない

後編

第三章　京料理の定義

Chapter 3 Defining Kyoto Cuisine

一　京料理の定義とその重要性（京懐石とは）

「定義を定めなければ京料理のすべてが変わってしまう」

まず定義の重要性を考える前にここでもう一度、現在の「会席料理」と「京懐石料理」の方向性の違いを整理しておきます。

「会席料理」は、江戸時代、本膳料理の略式料理であった「袱紗《ふくさ》料理」ともいわれた料理が、精進料理、茶懐石の影響を受けながら、茶屋に継がれて現在の「宴席」（喰い切り料理）の会席料理として継承されたといわれます。一方の「京懐石料理」は戦後に会席料理から新たに派生し、茶懐石の「趣」を取り入れて百年ほどの紆余曲折を経て発展してきたものです。

戦後の混乱期、京料理としての定義も意識、方向性も定まらないままに、高級料理屋においても和洋折衷料理（グラタン、マヨネーズ、ケチャップ、クラッカー、カレー粉、パン、牛乳、バター、チョコレート、コーンフレーク、アスパラ、トマト、セロリなど）がまかり通っていました。一九六〇年（昭和三十五年）当時、修業時代であった私をはじめ多くの若い料理人は洋風料理を時代の最先端の料理として懸命に作ってきました。当然、京料理として是非の意識すらありません。定義も確立されていなかったゆえに致し方ないことです。

現在から見ても京料理屋とは名ばかりで料亭に不向きな食材も料理も多く、まさに日本食文化全体の混乱期（大変革期）でした。今後はそのような食材、料理を再びくり返すことのないように明確な定義を示すことで、京料理の道を志す若者に指針が定まり、目指す料理が見えてくるはずです。京料理を重ずる心、教えを敬《うやま》う気持が生まれ、そこにぶれることのない京料理が芽生えてくるのではないでしょうか。なにがいい仕事なのか、してはいけない料理か、こだわるべきこと、すべてが曖昧すぎることにより目標が定まらずに先人の積み重ねた歴史を軽んじた創作料理にと走ってしまいます。ますます国際化していく中で、まず「京料理」「京会席」「京懐石」の定義を明確に示すことです。京料理としての根幹でもある「核」となる部分を統一させて「礎」を築かなければ、世界的な評価を失いかねません。最重要視すべき事がなぜ、今だに明確に確立されないのか、どうして曖昧なままでいいのか、その要因はどこにあるのか、最も大事な時期です。世界への発信、折衷料理は次世代にあずけて。まず「礎」を確立することが先決ではないでしょうか。

※海外で、京料理がどのような料理かを問われても誰もが明確に答えられない。現在にいたって、なお、料理界の見解が「**四分五裂**《しぶんごれつ》の状態」でいいのでしょうか。旗を振る前に、先ず「礎」を。

■京料理、定義の重要性

一、定義を示すことは品位の「証」、目指す料理がはっきり見える。

一、定義内での独自性が進化を生み、定義外の料理は方向を見誤る

一、今後の京料理を継ぐ料理人に指標として残しておくことで、将来においても京料理の基準、制約についてぶれることのない熟議ができる

一、京料理、京懐石が、国際化していく現在、定義を確立しておくことが諸外国で作られる京料理が異質な料理であった場合に、的確にこれを指摘して訂正することができる日本料理と京料理のちがいを明確に示すことができる

一、日本国民、京都在住の人が諸外国の来賓、「公」の場においても京料理として提供、接遇ができない料理であってはいけない。

一、定義を確立することで仮に、北海道・九州で京料理を提供するにあたっても、京料理の定義に則して料理をすれば、日本各地での京料理、京風懐石料理になることが明確にできる。そのことにより全国から京料理を志す若者も増えるものと思われます

京料理の定義を確立しなければ京料理としての理解を望めません。有識者に賛同いただき

秩序立った建設的な議論をしてまとめあげていただきたいとと願います。京料理の定義は未知の議論でもなく、老舗、個々の見解でもありません。歴史を重んじ理念に基づいて結論づけられる共通認識と思います。伝承料理と伝統料理、名物料理、そして戦後の新たな料理が混在する京都、後世に矛盾が生じない為にも、疑念を残さないためにも、立場のわくを広げ熟議していただき確立していただきたいと切望します。

※思うに北海道で北海道料理の看板を掲げている店で、「生ゆば、かぶら、ハモ」の料理が出されて、これが北海道料理になるのでしょうか。しかし京都は地方の食材（ニシン、棒ダラ）を使っていながらもこれを京料理と、納得させてしまう特別な「都」です。そこにはどのような食材を使っても時代に即して「雅やか」に仕上げる歴史と文化、技術力があるからです。そのことは料理だけではなく、あらゆる京の伝統工芸品も同じです。これを守らなければ京料理は成立しません。くり返し思うことは、**京の料理屋、料理人は歴史と伝統の「下《もと》」に生かされているのではなく、伝統を「基」に時代に適合した料理を工夫**しなければならないように思えます。継承するには正道のみ道なきことです。

■京料理に確立された定義、約束事がないため何がおきているのか

おおむね定義であろうと思われることも無視、気にもとめないといった、京料理に対する意識の崩壊がおきています。

- ◆古くからの料理屋、老功とされる職人もが目先の変わった料理にはしる。
- ◆異質な食材の組み合わせを京料理としていてもこれを指摘できない。
- ◆どのような料理であっても指摘されないことで、修業を軽んじ先人を尊ぶ気持が軽薄になり、基本的な料理ができないまま独り立ちする。
- ◆東京、大阪の職人が京都で作る料理を京料理としても指摘できない。
- ◆京料理としてのブランド価値の失墜
- ◆マスメデアによる方向性、価値観のちがう情報発信がされる。

※先の職人が積み重ね、進化してきた京料理史の「証」をまとめ定義付けたものがないため、いまだ京料理文化の混乱がくり返されています。このままメディアに煽《あお》られた料理に走っていると、やがてはすっかりと姿を変えてしまった京料理と成りかねません。

■失われる京料理人としての意識

「職人を育て発想力を高めた京料理展示大会」

京都では毎年十二月の事始めに、京料理の展示大会がありました。実に明治から百有余年もの間、京料理界発展として「**京料理人が腕を競い合う場**」が催されて来ました。料理人にとっては他店の料理人を意識し、鎬《しのぎ》を削った場です。日常の料理の枠を超えた独自の発想を披露できる唯一「公」の場でもあり、職人仲間が年に一度顔を合わせる場でもありましたが現在、会場には職人の姿はありません。料理人の間では出展する職人には一目置いていた図式があり、若い料理人は店の看板を背負い、料理長としての名を張り意地をかけて出展する師匠を生涯の師と仰ぎ一人前になるために修業も苦にせず意欲的に励んだものです。

しかし今はもうそのステージはありません。それ迄の百年にも及ぶ間、展示会の歴史を盛り立て築き上げて来た職人の芽は摘まれてしまいました。どうして今日のようになってしまったのか。料理人向上の場は閉ざされ一部の料理屋だけの「展示会」になってしまったようです。「得魚忘筌《とくぎょぼうせん》」ではなく筌を無くしてしまったのです。熱意ある多くの料理人がなげき、かなしみ、いきどおりを覚えました。世界を見れば飲食にかかわる多くの競技大会が催されています。日本人も参加して立派な賞を獲得しています。

日本料理の聖地ともいうべき千年の「都」京都、歴史と伝統を受け継ぎ戦後、新たに生まれた京料理は日本中の若い料理人にとってあこがれの料理でもあります。その京都に夢と情熱を賭けて腕と技術を競い合う「料理大会」の場がなくなってしまったのです。現状では若者の情熱も意欲もそがれてしまい、京料理の価値観、重要性に対して意識の衰退と純和食ばなれした名ばかりの京料理が増えるばかりです。

未来に向け、精粋な食文化の「都」を目ざして新たな京都市主催の(仮)「日本料理京料理出品大会」、そのような大会が実現すれば、日本中の料理人が参加し、(仮)「日本京料理賞」を得ることが若い気鋭の料理人にとって他国の評価を得るよりも最大の励み、名誉となるでしょう。日本料理、京料理に対して意識も甦ります。京料理界の世界的評価も変るでしょう。

「京料理出品展」は世界に向けて発信できる誰もが参加できる**開かれた意義のある大会**でなければなりません。その聖地は京都においてありません。

昭和から平成にかけて十年以上、以前の「京料理展示会」に出展してきた自身の経験からも未来の日本料理、京料理界担う若者、一《いち》、**料理人にも公平な場**で日の当るオープンで刺激ある競技大会、それぞれの職人が考えた新しい料理が堂々と披露でき競い合える。「公」の祭典が催されることを切に希望してやみません。その時こそきっと驚くような京料理も生れ、さらなる発展がが期待できます。そのためには飲食業界組織の理解ある尽力が不可欠に思います。

大切なことは「京料理（会）」ではなく「京料理（界）」日本料理界全体、料理屋、料理人の発展ではないでしょうか。

料理人を育てるのは料理屋です。料理屋を発展させるのはそこで育った職人です。その技術の進歩を支えるのは業界の組織だと思うのですが、水の流し道を妨げ、間違えたように思えるのは私の誤見でしょうか。

世界の料理に対し組織として料理人の技術向上になにをしたか、できるのかが問われるのではないでしょうか。京料理を志す若者がいなくなります。

※現在の料理人はとかく分量、温度、寸法、出汁とまるで家庭料理、チェーン店のようなことを並べているとＡＩ対決を迫られることになるのでは、すでに各店にはそれぞれの味（分量）があります。職人があえて唱えるものではないようです。

二　京料理の定義

京料理の定義を確立し、京懐石を整えた上で日常の料理は各店独自の名物料理、自慢料理やお客様の要望に応じて自身が信念を持って時流に沿った料理、演出、趣向を提供することで、将来に生ずる多くの課題が解決するように思われます。

ここで仮に京懐石料理の定義を説くに当たっても、現在の料理と江戸時代、戦前までの料理を重ねて比較することは、食材、料理法、時代背景も大きく異なるため困難な面が生じます。京料理の概念も進化しています。したがって伝統食文化の様式調理法を継ぎながらも、戦後新たに変革し発展した現在の京料理を前提にすべきと思います。また、各三業態の料理と京料理の単品をひとくくりにして定義をまとめることはできません。

※京料理を「固有名詞」として用いる場合、例えば「かぶら蒸し」「ハモ落し」など単品の料理そのものを「京料理」と言う。それら京料理の集合体を構成しコースにした料理を「京懐石料理」「京会席料理」という。京料理を総称して呼称する場合は、「単品料理」及び、「京懐石」「京会席」といった料理全般を含む。

※定義の要点を仮に草案としてあげてみました。

■ 京料理の定義……………日本固有の食材（類似）、調味料を使い、伝統的な味付け調理法にて五感に雅やかさを感じる単品料理

■ 京会席料理の定義…………おおよそ千二百年に及ぶ様式を継承し、時流に融和した主として京料理の宴席コース料理

■ 京懐石の定義……………京会席からなる様式を継承し京料理の定義、制約を主軸として構成した季節の情趣ある食べやすい、主として接待コース料理（風物詩、風俗、行事食、雪月花等を取り入れるを良とする）

■ カウンター京割烹の定義……対面料理の利点を生かした鮮度、出来立ての料理を主軸とし時代に融和した京料理

京料理の定義をまとめることは日本料理全体の要下《かなめもと》となり各地の日本料理屋料理もより特徴ある地元の料理屋料理になると思われます。

三　「伝承と伝統」

戦後、日本の食文化といえば贅沢できることに至福を覚え、豪華おいしさに満足し喜ぶ、とかく食材、料理にと向けられてきましたが、文化、文明の進歩、発展にともない食事（食べ方）、調理法も同様でなければならないことは度々触れてきたとおりです。

本膳料理、精進料理、茶懐石を「源」として、現在に継がれている京料理、伝承と伝統、京名物料理の線引もできない中、現在にいたっています。すべてが曖昧なままで、京都食文化の歴史が今も流れているのです。

京料理の定義を名確にできない要因としては京料理界を牽引している各料理屋の名物料理がかならずしも京料理とは言えないことが原因のひとつでもあるからです。このことは正面から向き合い討議して線引きをしなければいつまでも京料理を正しく纏めることはできません。

時代が大きく変化する際、それまでの時代を支えてきたあらゆる物が不要となってしまう。

料理もまた例外ではありません。戦後に大変革したことで料理人が厳しい修業で身に付けてきた数多くの料理も、古い料理屋の名物料理もが無用として使えなくなり、姿を消した料理屋も多くあります。すべてが、贅沢に向って変る時代です。今後は伝統京料理の成長した価値観をどう表現できるかが問われる時代でしょう。

戦後、料亭「京懐石料理」の急速な発展に伴いこれまでの京料理、会席料理の捉《とら》え方、料理内容が大きく変わりましたが地元京都のお客様を顧客とする料理屋では戦前、戦後のままの調理法、味付け等が継承されています。そのような料理を識別することなく、昔からの調理法も修飾《しゅうしょく》ありきですべてを京料理とする限りは京料理の定義付けを確立することは永遠にないでしょう。京懐石の中に自慢の名物料理を組み込んでいるのであればその旨を識別すれば京料理をより、京料理らしく装うことができ、名物料理は名物料理として自信をもって継承することが出来るのではないでしょうか。

すべてがあいまいなままで、修飾した食文化の発信であろうとそのことが虚飾《きょしょく》したものであっても、京都の伝統食文化として守るため世の決まりごととして終わらせるのであれば京料理の定義は今後も纏まることなく後世に残るのは意味を持たない名称、呼称だけの京料理でしょう。

一人問答　職業料理人とオーナー料理人

昭和五十年代頃まで職業料理人（料理長）が独立して店を持つことは夢のまた夢、かなわぬことと考えすら及びませんでした。まして地方から京都に来た者であれば、天から降りてくる「運」に任す以外ありませんでした。当時は修業年数も長く、給金も低い、店を構えるための蓄えなどできるはずもありません。

ところが、近年どうしてそんなに簡単に店が持てるのか、と思うほど、次々と料理人が店をオープンします。しかも三十代という若さです。立派なものです。

そこで問題になってくるのが、料理内容です。職業料理人として勤めていた時代に料理長としての経験です。

料理雑誌を開けば、オーナーシェフ、オーナーシェフとひびきのいい和製英語でにぎわっています。しかし腑《ふ》に落ちないのは、独立せずに職人として料理屋で腕をふるう料理人が雑誌をにぎわすことがきわめて少ないことです。食べ歩き飲食店紹介本なので致し方がないのですが、修業もそこそこに独立する料理人も多い今日、オーナーシェフが料理業界、京料理までもを牽引《けんいん》してるかのように語られ報じられているように見られてしまいます。

これが半世紀あまり続くと今日では、**オーナーシェフであることが腕のいい料理人で、勤めている料理長（職人）の方がまるで腕が劣るように世間には映りますが、決してそうでない**ことを六十年の料理人経験からも独立した経験からも、明言しておきます。オーナー料理人以外に腕の立つ職人は沢山います。

オーナーにならなければ技術を取り上げられず認められない。公表できる場も閉ざされている。

このような料理界の図式になってしまっては、職人としての意欲はそがれてしまうでしょう。見習いの若い料理人もオーナー料理長のもとで勤め、修業もそこそこにいち早く独立したくなります。そこにはもう職人としての魂はなく商いのためだけの思いつき料理です。「料理道」としての京料理は消えてしまい技術の進歩はありません商《あきない》としての目立つ料理、濃厚な料理が増えるばかりです。

※料理人が小さな店を構えることもいいのですが、立派な店の料理長（職人）になることを夢と出来るようになればいいのですが。

茶懐石から学ぶべきは、招く方の心に添うべきこと

後編

第四章　料亭の京料理と献立構成

Chapter 4 Kyoto Cuisine and Menu Compositions at Traditional Japanese Restaurants (*Ryotei*)

よもやま話　料理人は食通によって育てられる

かの北大路魯山人が「料理屋の料理は芝居のようなもの」と言ったそうです。さらに**うまいものが食べたいと思って料理屋を利用するのは間違いで**、「お芝居を見に行ったつもりで食べないところに問題がある」とも諭しました。おいしいことは当然大切なことですが、俳味的な風情も必要だとも語っています。

カウンター料理とは異なって京懐石は、日常から離れた虚構化した非日常性な料理であることに違いありません。しかしこれも戦前までのことでしょうか、女性も庶民も食事として利用する現在の料理屋では要望も多く、現実性のある豪華できれいでおいしい料理でなければ認められませんが……。

丹羽文雄の小説『庖丁』は、戦前・戦後の料理人をテーマとしています。主人公の料理長、「山名」が働く料亭に来店する客の中に、食通として頭を下げていた常連客「押小路」とのくだりをちょっと紹介してみます。

生活が急に豊かになってからの「押小路」の食通ではなかった。小さいときから、恵まれた環境で育ち、自然と身についた食通である。何十年も贅沢してきた人の食通である。そんな特別な人間の食欲を満たすだけに板前が腕をふるうことの矛盾と滑稽感《こっけいかん》は、一度も山名の頭にはなかった。山名にすれば、押小路によって、いつも試されているような緊張感が与えられた。庖丁をふるう甲斐があった。わずかな食通のために、日本料理の粋が辛うじて生命をたもっている工合である（原文）。

料理人が料理通にぜひ出したい料理がひらめくことがあります。そのような料理はけっして高級食材を使った一般うけする料理ではありません。（「よもやま話」二一九頁）のようにいたって「おつ」な料理です。

高級食材が一番と、決まった料理、うまい料理ばかりでは、京懐石の本質を理解することはできません。食材ではなく、料理人の仕事に惚《ほ》れるような食通が、いつの時代も職人の技術を向上させるようです。食材、おいしいものに国境はない。料理はおいしければいいという美食本意の食べ好きな人と、京料理についての談議は、綺麗で豪華な洋花と和花の美についてを茶室で論じあうようなもの、料理人もまた。

一　京料理に生きる偉人

昭和初期の料理屋料理は、まだまだ男社会の酒宴料理であったが、戦前戦後現在にと移行して来たなか、日本の料理屋文化に大きな影響力を及ぼした料理界の偉人をあげてみました。

◆辻留（辻嘉市）
茶懐石を通して料理に接する精神、招く人を尊重するもてなしの心、季節の機微、余情を料理に移す大切さを説いて諭した。

◆吉兆（湯木真一）
料理屋料理に演出・趣向を加えて想像力、発想力、表現力を高めさせ、料理に造形美を感じさせ、酒宴会席から食事として楽しむ料理へと導いた。

◆浜作（森川栄）
調理作業の見えなかった料理を身近かな対面形式として、素材のおいしさを楽しみ、作り立てを味わうスタイルとして、無限の広がりのあるカウンター割烹を確立した先駆者。

二　料亭に行く前に　京懐石を楽しむための予備知識

現在、京料亭を利用するお客様はどのような層の人なのか。戦前頃までは、想像するに、軍人、政財界人、文化人といったところでしょうか。ところが戦後、七十有余年を経た現在では一般の方々も普通に料亭を利用するようになり、この幅広い客層に料理すべてを合わせることは不可能です。料亭に通い慣れたお客様、また初めてのお客様もおられますが、料理代金が高額な料亭ではどうしても常の高級料理として一律に出します。料亭を利用するときはお客様が価値観を料亭に合わすことになります。もちろん予約の際、事前の注文は可能です。またカウンター割烹の料理と比較しても、料理の内容、出し方、すべてが違うことを認識した上で、利用しなければそれぞれを楽しんでいただけません。例えば鮎の塩焼に短冊の和紙が掛けられて出される、和紙の上には「保津川の雲とぶ流れ鮎のぼる」と書かれている。和紙を取らずして下の焼物が保津川の天然アユだと分かる。アユは頭尾を取りのぞき、骨を抜いて食べよい大きさに切り揃えてある。一方、姿のままの塩焼が皿に盛られて出され、「保津川の天然アユです、頭ごと食べて下さい」この二つが同じ京懐石の焼物になるでしょうか。時には熊笹をかぶせる、またある日は熱い塩板にのせて、皿盛りにするなら夏野菜の雷干し、酢じゅん菜などを添えて趣を加える。ところが「アユは姿のままの塩焼が一番」と言われるお客様の声を反映させると、日々に「割烹料理」「海辺、里山風」の料理が入り混ざった「都」らしさのない京懐石になってしまいます。それが現状の料理でしょうか。

アユ塩焼（二三〇頁参）

料亭の京懐石は、すべての舞台「こしらえ」の中で価値をみることができる非日常的な料理です、料理のうちにある「四季」「風土」「趣」「歴史」「文化」という日本の心をも感じていただくことだと思います。入り口から玄関、庭、部屋の「室礼（しつらい）」は当然、仲居さんの立ち居振る舞いまでもが「京懐石」の序曲ともいえます。器も、季節や料理に合ったものを吟味して使うなど、感受性次第でその広がりは料理のおいしさの比ではありません。ここにも「料亭料理」の醍醐味《だいごみ》があります。

料亭の門をくぐれば、その瞬間からすべての人々が同じ次元の文化人です。時代は江戸でも明治でもないのです。現代の文化人としての食事の仕方（しぐさ）も大切です。料理人もまた、そのような上品で食べやすい料理を出さなければならないのです。

料亭の京懐石はもてなしの料理です。これは料理屋が店のお客様をもてなすことは言うまでもありませんが、本来の趣旨は「大切な方（正客）をお招きする人」に代わって料亭が正客をもてなす料理です。その席には相手を尊重するエチケットが生じます。ここから先が料亭料理で、おもてなしのお膳（御饗膳）となるわけです。そうなれば、おのずと料理のあるべき姿が見えてきます。豪華な料理も大切ですが、食べにくくては味わっていただくことができません。正客に失礼のないように、食べやすい上品な料理であることが、最優先されるべきだとお分かりいただけると思います。

料亭に招かれた場合にも、豪華で食べごたえのある料理よりも、食べやすい上品な料理に目を向けて京懐石でしか味わえない趣のある料理を楽しんでいただきたいと思います。

※お出しする料理も、もちろん大切ですが、京懐石を通して料理以外の情緒をうまく表現できれば最良の出来。京料理とは料理そのもので、これに「しつらい」の効果を加えるのが料理屋、料亭です。

三　料亭の京懐石料理献立構成例

京懐石には巻頭でも記したように献立の構成に料理人が旋律を作り出すことができます。また、時節の良質な食材その物を味わっていただくための料理も、席に応じては喜んでいただけるために必要です。

お客様の要望を想定し、いつも悩み苦しみます。高級食材を出せばおお方は喜ばれるのですが、それだけでは料亭、料理人としての料理にはなりません。

現在、会席料理、京懐石の料理を出す順番に決まり事はありません。今日、一般的に出されている「会席料理」の献立は、「本膳料理」からの本膳崩しで、食べきれる（喰《く》いきり）ほどの形式（様式）として（二の膳、三の膳といった配膳をなくして）生まれてきた「喰い切り様式」の献立構成になっています。一方、料亭の「京懐石」は、各店が料理の順番、名称等を自由に組み替えています。店によって料理代金にも幅があるので致し方ありません。各店の個性も出て面白い面もありますが衒った構成は逃げになります。おおよそ一般的な流れを挙げてみます。

「懐石料理」
①すすぎ（箸洗い）
②先附《さきづけ》（突き出し）
③先向
④向附《むこうづけ》（造り）
⑤口替わり
⑥椀物
⑦鉢物（炊き合わせ）
⑧焼肴《やきざかな》（焼き物）
⑨八寸（皿物）
⑩おしのぎ
⑪酒肴《しゅこう》（箸休め）
⑫強肴《しいざかな》（酢の物）
⑬汁物・ご飯
⑭水物
他に小茶碗・蒸し物・油物など。

「会席料理」
先附
造り
吸物、（小吸物）
炊き合せ
焼物
八寸（皿の物、揚げ物）
蓋物
小鉢（酢の物）
汁・ご飯
水物

料理名として使われる季語（一例）
献立をまとめる上で「料理名」も季節感を表現する大切な構成要素になります。

【春】
桜、柳、山吹、新緑、春衣、花衣、若草、花かすみ、卯の花、さつき

【夏】
水無月、うの花、夏萩、雷、清流、涼風、氷室

【秋】
萩、照葉、あざみ、花野、豊年、錦、柴、亥の子、吹き寄せ、しぐれ、名残

【冬】
雪、寒椿、寒菊、風呂炊、白梅、梅衣、初芽

以上のような料理が順不同で出されます。主な料理の用語とその内容を順番に説明します（少人数か大勢かによって料理内容も変わります）。

①すすぎ

茶懐石での「箸洗い」のような、白湯《さゆ》ほどのうす味です。まず箸先をぬらし口内をすすぎます。このときにごく薄い味にその味を探して、舌先に神経が集中し敏感になったところで、料理に入っていただく「意」のものです。このすすぎは一般的には出されていない独自のものです。

京懐石に心から触れるには、まず「すすぎ」から入っていただきたいと願うものです。

（三頁・写真）

②先附（突き出し）**・猪口**（小鉢）

料亭の料理は会席・割烹とはちがい、先附から少し、非日常性の世界へ入っていただくことがいいように思います。それには器が大きな要素になります。器、量、出し方、先の「すすぎ」も、その役目（演出）をしてくれます。

コース料理を出す場合、精進（又は薄味）で始まり精進（薄味）で終わることが、京懐石として自然な出し方です。献立の都合上、できない場合にも、先附が和え物等のときには、一番上には野菜を盛る、魚類より精進を多いめにします。二、三種盛りの場合にも初めに箸をつけるよう精進物を右に盛ります。さっぱりしたもので始まり、さっぱりとしたもので終わらせることも料理人の心得です。

③先向

一般的には出されませんが向附の前に、常には出しづらい旬のものを「しるし」に少しだけ、（例、白魚、キス、サヨリ、初がつを、貝類、アユ、コイ洗い、フナ子作り等々）京懐石ではいろいろ（二種以上）魚を盛り合わせるとあまり品よくありません、そのような時にこの先向がいいように思います。目先を変えた盛り付けでほんの少しだけ。

④向附（造り）

何気なく食べている刺身も現在に至るには千年を超える歴史があります。見映えの豪華さ、鮮度だけでは進化の跡がありません。上品なまとまりが肝要になります。

造りは刺し身ともいい、「お向こう」とも呼びます。茶懐石での「向附」からの呼び方です（茶懐石での向附は、お造りに限りません）。一般的に関東は刺し身と呼ぶことが多いようです。魚の身に包丁を刺して小切れにするという意味です。また魚のヒレを刺すことから刺し身となったともいわれています。一方、関西は「造り」といいます。刺し身で大切なことは、切り方の大きさ、厚さでおいしさが変わることです。魚肉のかたさ、やわらかさ、鮮度、白身、赤身、青魚、脂肪部位によって切り方を変えます。くれぐれも厚すぎないように。分厚すぎると口の中で生臭く感じてしまいます。要するに切り身に対しての醤油がからむ量のバランスです。夏場はサッパリと洗いで、あぶらの強い大トロは京懐石には避けたいものです。

今一つ、切り身の部位を盛りつける時「上部、腹部、尾部」と均等になっていることです。平作りではできません。(品よく、生々しくないよう)　(三九頁(イ))

コース料理での造りは少し酸味を加えた醤油ですすめるのが、後の料理との口内バランスが良いとされます。

刺し身にはワサビ、ショウガ、梅肉などが添えられますが、好みは別として、主にワサビは(白身魚)、ショウガは(青魚、貝類、イカ)、梅肉は(一塩魚)、と区別ができます。そしてこれらは刺し身を盛り付けたやや右に添えるのが約束になっています。

⑤口替わり

冷たいお造りと熱い椀の間の料理として、魚の生臭さを紛らせるために、一口ほどの奴豆腐、おひたし類を出します。にぎり寿司のガリのようなものでしょうか。

お造りの後の口替わりは非常に大事な役目を果たします。口内をさっぱりとさせて、次の料理に。（一般的には大根のケン等がその役目をしています）

⑥椀物（椀盛り、煮物椀）

ここは料亭の品のいい味付けが試される料理です。おいしい出し汁を薄くしてまず、まだ味付けをしていない出汁だけを何度も味見して、具材、季節の野菜を頭に入れ出し汁の濃さを調整して醤油を落します。

料理することを「割烹」といいます。「割《かつ》」は鮮度のいいものを包丁で（割《さく》）、切って食べることが主体で、「膾、刺し身」などをいいます。「烹《ほう》」は「煮、焼」、火を入れて食べることをいいます。材料を加熱しなければ食べにくいもの、少し鮮度の落ちたものに火を加えることを「烹」といいます。

割が主で、烹が従、「割主烹従《かっしゅほうじゅう》」といわれる言葉です。

これは技術の面ではなく、鮮度のいいものは先に生で食べて、次には火を入れて食べることです。技術面では「烹《にる》」料理の方がはるかに技巧がいります。現在このポジションの仕事をしている人を料理屋では「煮方」と言います。

一般的には包丁を持って仕事をしている方がパフォーマンス的にも目立ち、板前、花板、板長と聞こえもよく、腕のいい料理人のことを包丁が立つ（切れる）職人とも言います。

一方、「煮方さん」とは聞き慣れない呼称で目立たないのですが、このポジションでの長い修業経験者が、実力のある腕のいい板長になるのです。お客様の前に出されるすべての料理に関わっているのがこの「煮方」です。料理人の間では包丁が達者な人より、煮炊きの達者な方が、実力のあることが分かっています（煮方での修業時期は日常の食生活においても食べるものは刺激物、濃厚なもの、バター、クリーム、ソース類も避けて食べません。自分の舌が決まるまで大事にします。修業時代、多くの場面で一番苦しむポジションです）。職人として認められるのもこの煮方ぐらいからでしょう。自覚を持って仕事に入り込む立場です。まず三〜五年は寝食を忘れて入り込まなければ一人前にはなれません。

煮方の仕事の一つに椀物があります。よく「煮物」と「煮物椀」が誤解されやすいのですが、煮物とは炊いたもので、いわゆる「煮炊き」したものです。茶懐石では煮物椀（椀盛り）といって鳥獣・魚介類と野菜など煮たものを椀に盛って汁を張ったものです。先に一汁が出ているので、椀盛りは煮物が主で、汁を張った物、つまり一汁三菜の「お菜の一つ」をいいます。精進料理の「平椀」からきています。一方料亭で出される椀物は汁物です。汁が主で具材の入った物です（近年は、この間を取った椀物が主流）。この味付けは非常に難しく、前項の料亭の味付けでも触れています。

※昔から「汁の味付けがうまいやつはいい料理人になる」と先輩に言われて、「まかない」の汁を作っては指導を受けたものです。

コラム

うす味

私が職人として働いていた折のことです。勤務していた店（料理屋）が変わり、あらたに勤め始めた店で「椀物」を出した時のことです。お客様が、「板前が変わったのか。この味は〇〇君の味とちがうか」と名前を言い当て、仲居さんが驚いて調理場へ報告に来たのを覚えています。うす味のなかにある出来事です。

⑦**鉢物**（炊き合わせ、ふた物）

鉢物（煮炊き物）こそ、京料理人、「煮方」の腕の見せ場でもあります。和食は魚介類と野菜類だけの料理とよくいわれますが、どうしても魚介類に傾く傾向があります。できるだけ野菜を主にした料理をアピールしたいものです。京料理人が炊いた野菜の味付けをじっくりと味わってください。地方との違いがあるはずです。前項の「煮方」の経験歴が試される料理です。（甘味は禁物）ここで甘濃い煮炊き物を出すと、繊細なコースの流れが壊れてしまいます。あえて出す時には言葉を添えて。（本来、野菜の炊き合せは京料理から外せない料理です）

■「**食は脳で食べる**」といわれます。食べる前に事前の情報があれば、その知らせに誘導されます。それが、視覚であり、嗅覚であり、また、カウンターでは、板前の話で食べずしてその料理が旨い物であると思い込みます。つまり食べる前に脳がその説明に誘導されてしまう。あの叩き売りの口上（こうじょう）と同じです。「これは天然物です」「このマグロは清水です。大間、勝浦です」。鯛は明石、松茸は丹波物です。もう食べる前に旨い、となります。料理の味付けもまた、少し似ています。

先入観（味付けを先に理解してもらう）

※料理を美味しいと感じていただくことの大変重要な要素のひとつに料理の味をあらかじめお客様に伝えて先入観を持って食べていただくことも味に大きな影響を及ぼします。

◆少し甘濃ゆい味付けをしています、当店の名物です……（理解、納得する）

◆にが（苦）味がおいしく感じるように調理しています……（にがいと思わず美味しく感じる）

◆少し酸っぱ目になっています……（すっぱく思わない）

◆上品な薄味にしています……（薄く感じなず上品な味付けに思う）

◆香り物（ショウガ、柚子等）を入れた場合に説明しておく等々

※これらを黙ったまま出すと、ただ「甘い」「にがい」「すっぱい」「薄い」「まずい」となります。料亭では仲居さんの大切な仕事になります。

一人問答　分かっていると面白い　料理の「間」と「余韻」

京懐石は、先に出した料理と次に出す料理との「間《ま》」が非常に大事です。料理は出来たてが最上で、時間とともに味は低下します。先に出した料理の「間」をうかがいながら一品ずつ出します（この「間」は茶懐石から派生しています）。早すぎると先の料理が残り、遅すぎると間があきすぎて、いくらおいしく作った料理も味が半減してしまいます。京懐石の「間」は味をも左右します。宴席料理ではこの「間」が思うようにとれません。

温泉場の旅館に行くと、よくテーブルいっぱいに料理が並べられています。豪勢な感じで見るだけでうれしくなってきます。自ら論じていることに矛盾しているようですが、盆と正月の料理が一堂に広がっているようでワクワクします。どれから食べようか、あれもちょっと、これも少しと、いわゆる迷い箸、うつり箸です。七面倒くさいことは忘れて楽しみたいとは、誰もが思うことです。このときに感じることは満腹感、満足感であり、楽しいことですが、そこに料理に対するしみじみとした余韻はあまり残りません。料理での「間」とは、実は料理と料理の間隔ではなく料理と料理の「余韻」の「間」なのです。

先の料理の余韻を感じている間に、次の料理を早く出しすぎない。料理の余韻を少し感じていただきながら、「間」を見て次の料理を出すということです。つまり料理の余韻を感じていただく「間」なのです。

自信のある「味」「演出」の料理を出した後は幾分間を取り、「余韻」を楽しんでいただき、その後は少し薄味の料理で余韻を引っ張ります。余韻とは少し異なりますが、先に出した料理の後味が口の中に残っている間に、次の料理を早く出さないようにします。特に先の料理の味が濃くて、後の料理が薄味の場合には少し間をあける。口内の濃い味が薄まった頃に次の料理を出します。

余韻の間、特に日本酒を盃で召し上がっておられる方には大切な要素です。カウンターでもうまく取り入れると料理が生きてきます。

⑧焼肴（焼き物）「魚、焼くときゃ早く焼け、魚のうまみをとじこめろ」

焼物は料理人を悩ませる料理です。そのままでも、手を加えすぎてもいけない、素材の味をころさない調理法が一番の料理。昔は鮮度もあまり良くなかったので魚田《でん》（味噌焼）の焼物も多くありました。（食べやすいように）

「魚の焼き物は塩焼きが一番」といわれると、もう料理人が出る幕はありません。

日本料理の焼き物は、塩焼き、タレ焼き、味噌漬け、そして魚の上に別のものをのせるといった程度です。実に単純です。しかし、この単純な作業でも上手、下手があり、それなりに難しいものです。塩焼きの塩は二度塩がおいしいとされています。まず切り身魚にふる塩の量の六分《ぶ》ほどを数分前にふっておき、身に薄い塩味を浸透させておきます。前もって早く塩をすると、塩が回りすぎて身のほくほく感がなくなります。直前に残り四分《ぶ》ほどを表面に振ります。このことも「化粧塩」と言います。早めにすべての塩をふってしまうと、塩が立ちません。焼き上がったときに、塩の一粒一粒が目に見えなくては美的にもおいしそうにも見えません。強火の近火で魚の表面を手早く固まらせてうま味が流れないようにします。後は火から離して遠火で焼きます。ひっくり返して裏面も、同じように表六分《ぶ》、裏四分《ぶ》に焼き上げます。焦げ目が大きなポイントになります。焦げ目がないのは焼物とは言いません。単純な作業の中にどこに違いを、どう見せるのか、面白い作業です。一口目を口にしたときに、つけ醤油と表面のふり塩「化粧塩」の味が口内に広がり、噛むほどに先にふっておいた薄い塩味に、次に塩味のない持ち味だけの魚の味と、三味が口内でブレンドされておいしさを感じさせます。お客様はまったく気付かれずに食されています。

※魚類の塩焼きは割烹店の腕と、こだわりの見せどころです。塩加減も、付け醤油、二杯酢で変ります。

※焼き物にも、なまぐさ物の口直しとして、野菜類を添えるべきでしょう。

⑨八寸（皿物）

八寸とは茶懐石からきています。杉木地の八寸四方の器のことを指し、京・洛南・男山八幡の神事で使われる喰初膳《くいぞめぜん》が八寸四方で、これを千利休が白木で作らせ、茶事に用いたのが始まりとされます。お酒をもう一献との意のものです。

一方、料理屋の八寸は趣が違います。コースの華ともいえる料理です。料理も二種から五種盛り、もっと多く盛り付ける店もあり、風習、風物、行事、祭り、節句などにちなんだ料理趣向も取り入れ、旋律を表現できる場面でもあります。宴席の会席料理や割烹料理との大きな違いの一つでもあり、料理人のセンスのよしあしを見極めるものでもあります。空間が大切です。並べるような盛り付けは、好ましくありません。添え葉も控えめに。

⑩おしのぎ

ほんの少しご飯物などで小腹（ちょっと空腹）をしのいでくださいとの意で、白蒸し、一口寿司など少しだけの「ご飯物」です。八寸の中に盛り込む店もあり、出さない店もあります。料理人としては遊べる料理の一つです。寿司屋でもない小袖寿司を一口、ご飯でもない白蒸し類を少々、一口丼（ハモ丼、カニ味噌丼）を小茶碗で上品に少し、楽しい「おしのぎ」になります。（懐石料理としての品のよさを）

⑪酒肴（箸休め）「春（五三頁）／夏（八八頁）／秋（一五一頁）」

酒肴は心を許しあえて酒を楽しめる酒徒に打って付けの面白い料理です。

お酒をすすめるときに「まずは一献」とよく言いますが、このお酒をすすめる回数のことを一献、二献といいます。料理の献立の「献」のことです。「献（酒）をすすめるための肴（酒肴）」です。京懐石の流れ（コース）の中に、ほんの一口ほどを珍味風にお出しするものです。風情ある器で、大人の演出を楽しめます。最近は「八寸」を出しているので、酒肴として出

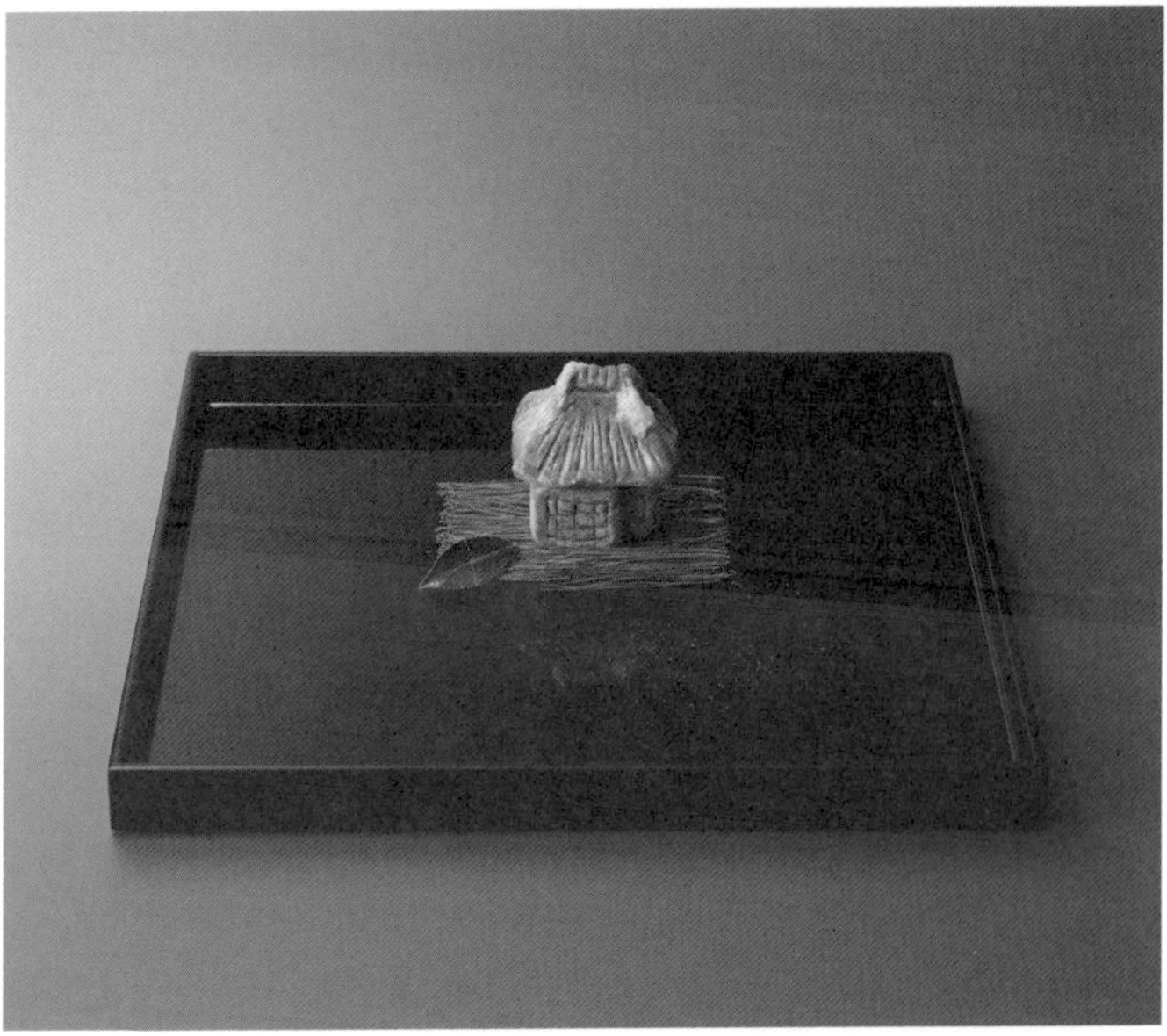

酒肴（冬）　器・香合風珍味入れ　葛屋（自作）

落ち松葉

◆岩梨甲州寄せ

里山に佇《たたず》む、雪解けの葛屋。
日本人の心の古里の風景に思いを馳《は》せて……。
コース料理が引き締まります。
しばらく蓋を取らずに

す店は意外と少ないようです。昔は、珍味入れで出していました（現在では昔のような、酒盗、塩辛といった塩分の強いものは出さない方が良いかと思われます）。

その日の献立により出す場面を移動させます。酒肴は世界で最も小さな刺激ある料理といえるのかもしれません。食べる人の感性をどれだけ引き出せるのか。料理人にとっても京懐石ならではの楽しみです。コースの中で、うまく取り入れると旋律も表現でき空気感が一変して、料理がさらに興味深く京懐石を引き立てる大きな役割をします。二人から三、四人くらいまでの趣向です。（器を変えて）それ以上の人数では風情の意味をなしません。

酒肴は、舌先に少量をのせて味わう。例えばアユの内臓を使った料理「煮うるか」「即席鮒ずし」「すぐき山葵和へ」等の味を楽しんでいただければ、これぞ日本酒の肴、大人の肴です。京懐石がどんどん面白くなります。この料理の前後には先程の「間」がほしいものです。

※お酒の好きな方には小皿で、「くちこかぶら」「かぶら鮒鮨」も。

近頃のおまかせ鮨にも「間」と高級感を演出できます。

よもやま話　おつな料理

懐石料理は、口内、お腹を満たすだけの料理ではなく少しひねたった、工夫をこらした、面白みがなければ料亭料理にはなりません。この工夫が大変難しいのです。巧みすぎず、手を加えすぎない。

面白い料理とは、手のこった料理ではなく料理屋に通いなれた御仁《ごじん》向きの料理で「ひねり」「乙」「粋」「味」「洒落《しゃれ》」があるということです。

そこに「憎《にく》い」が入ればなお面白い料理になると、何度も聞かされた古い職人の四《よ》方山《もやま》話です。

例えば「夏」の「冷し杜氏《とじ》汁（粕汁）」（ハモ切り落とし、じゅん菜、浅瓜、茗荷、乱引き山葵）、酒粕《さけかす》は口元がよごれないように細かくなめらかにする。粕の量は少なくして夏らしく、さらっと薄めの汁に、冷蔵庫のある現在だからできるさっぱりとした冷し粕汁です。小さな小吸物椀ほどの「杉桶」で、口なおしに、ひと口、上品でなかなか「乙」な味です。（八八項のような演出で）

⑫強肴（酢の物）

最後の料理になります。できるだけさっぱりした料理で終わらせたいので、酢の物などをよく出します。この頃には「あれがおいしかった、面白かった、よかった」。食べた料理が甦ってきます。もうこの後に出す物は控えめにしたいものです。

⑬汁物・ご飯

料理の最後となる味噌汁。ご飯物が豪華であったり、特徴があると先の料理の印象が薄れます。おしのぎに寿司を出し、最後に色ご飯（魚介類の炊き込みご飯）では、「これでもか」といった感じがします。過剰すぎます。京懐石では雑炊のように「サラッ」としたもので、味噌汁もなしで爽やかに締めくくっては。もちろんお客様の要望次第です。

しかし、お客様に合わせ過ぎると、どんどん京懐石のよさが遠くなります。

仮に味噌汁を出す場合でも、薄めの味にして後は塩・薄口醤油等でおぎないます。味噌の臭い、味の強いのは京懐石の締めにふさわしくないからです。「出し汁は濃いめ、味は薄めに」。

⑭水物

近年はデザート、スイーツといっては甘いものがたっぷり出されているようですが、洋食と混同しているようです。料理屋が最後に水物（果物）を出すようになったのは戦後のことといわれています。当初は生ものなどの料理を食べた後の「生臭さ落とし」の意味合いからとされます。果物の持っている「生々しさ」「香り強さ」「甘ったるい味や香り」のデザートでは、それまでのせっかくの料理も後の「余韻」すべてを壊してしまい京懐石の薄味の良さも台無しです。本来ならお茶で締めくくっていただきたいところです。せめてさっぱりとした、やや水っぽいくらいの果物で終わっていただきたいのです。甘くて、おいしい果物は、また、別の機会に、料理全体の構成から見ても爽やかな締めくくりがいいので、「後味」も大切にしたい料理人の真意もくみ取っていただき、洋風料理とは区別していただきたいと願います。

古い料理人からみると、スイーツは、大反対です。せめて京料理の後には出してほしくないものです。

水物等が豪華でなくても、料理内容の判断、店選びの基準にはしない方がいいと思います。大切なのは全体の構成です。

※近年、なにかと甘いものを求めて、評価しすぎるように思います。スイーツにとどまらず、野菜に果物に、なにもかも甘ければそれがいい品質と評価する。果実、野菜の持つ自然の味がうすくなってしまいました。スイカひとつを取っても昔は今日ほど甘くなかったことが瓜のような香りがスイカらしく、おいしかったのですが、今は甘味が強すぎて瓜の香りがあまりしません。果物です。ミカンもまたうす甘ずっぱいのがミカンらしく、今はただ甘いだけです。きっとそれでも甘ければいいのでしょう。この感覚が筍、かぶら、青菜すべてに砂糖を入れて炊くことに似ています。甘味はおいしく食べやすくさせますが持ち味が負けます。加える量、食材を十分に考慮すべきでしょう。

※「高額で贅沢か」、「足るを知り、高尚か」、「有名か実質か」選ぶのは食する方の価値感です。

コラム

料亭の京懐石料理を味わう

人はそれぞれに無駄だと思うことがちがうものです。特に食べる物には深く関心を示さない人も多い。まして高額で食べごたえのなさそうな京懐石ともなればなおさらのことだと思います。ともすれば一生興味を示さずに縁のない方々もおられるかも知れません。しかし「是が非」でも一度は召し上がっていただきたい。しかも若い内に「会席ではなく京懐石」をです。その事が後でもったいなかった、無駄だったと思うことも日本人（京都人）としての経験知になり、思いがけない発見があるやもしれません。日本人にとっては宇宙へ行くことよりも先ずは貴重なことでしょう。家庭料理、外食料理、料理屋料理の中で、もはや唯一の日本料理屋の料理かもしれません、日本国に生まれ育ち、この国を愛する国民がその京懐石のすばらしさを理解していただけなければ、やがてこの国の、この国らしさがなくなってしまうのではないでしょうか、これを迎える料理屋もまた、裾野を広げるためにも特別な日を設けて（低額）京懐石を味わっていただけるよう考えてみることで将来へ継承する若者も増えるのではないかと思えるのですが。もはや「衣」、「住」において京都らしさを取りもどせません。

四　食べる料理と味わう料理とは?

料理には食事としての料理と、酒の肴としての料理があります。現在の京懐石料理にはこの二つの料理が求められると思います。料理屋を利用する年齢が若くなったのか、食欲が旺盛な時代になったのでしょうか。

元来、料理屋の料理は、お酒をおいしく飲むための日本料理、京料理であった「酒宴料理」なので、日本料理のどれもが酒の肴になるのは、そういった歴史的な背景(特に味付け)があるからと言われます。しかし、戦後になって一変します。料理屋が、食べさせることを主とする食事としての料理屋に変わったのです。そうなると当然のごとく、料理内容は見栄えの良さへとエスカレートします。結果、現在の多くの京懐石はお客さまの要望に応えるべく、豪華で食べる料理にと、表向き料理が主流となってしまったのです。

大方の人が料理屋へ行く場合、豪華でおいしい、きれい、珍しい、高級感があり贅沢な気分になりたいなど、多くのことを期待されると思いますが、京懐石には、もう一つ本来の楽しみ方があります。食欲を満たす料理ではなく、たとえ、たしなむ程度のお酒であっても、酒の肴としての料理でなければ、情趣を楽しむ京懐石の姿は見えてこないでしょう。

多種多様な食材が手に入る今日、ほんの少し贅沢に、おいしいものを上品に味わうことのできる齢とお酒がそろえば、たまにはちょっと風流人を気取ってみたい、そんな居場所は少々高尚な「料亭の侘《わび》懐石」かと思います。いわゆる茶懐石に最も近い料理屋料理「雅やかなさび」とでもいうのでしょうか。

たとえが適切ではないかもしれませんが、大衆演芸を居酒屋料理とするなら、歌舞伎が料理屋の料理であり、「品格のある侘懐石」はさしずめ能楽でしょうか。一般的には能楽を観《み》に行くことはあまりないでしょうが、よしんば出向くとしても、料理屋へ食事に行く時のように決して贅沢で、おなかがいっぱいになって満足するものだと思わないでしょう、カウンター割烹でもない、ホテル内の料理でもない、京懐石でもない料亭の「侘懐石」です。カウンター料理が進化する一方、料亭には今後このような心おだやかなその席の空気、旋律を楽しむような料理も望まれるのではないでしょうか。究極の京料理かもしれません。

ただし「侘びたるは良し、侘びさするは悪し」と、利休が諭していることも肝に銘じながら。

京懐石料理は、上品で節度ある料理の中でのみ存在する

後編

第五章

見直すべき古典料理、古き時代からの調理法

Chapter 5 Reassessing Classic Dishes and Cooking Methods of Old

一　「品」よく食べるため時代とともに変わるべき調理法

私たちが暮らしている平和な今日に比べて刀を差していた江戸時代の食文化を考えれば、京の「都」といえど、現在と比べて決して上品な食生活であったはずがないことぐらいは想像できます。時代とともに上品さのとらえ方が大きく変わってきます。身近であった川魚の料理を見ても、姿のままのアユ等の焼き魚を頭ごと食べることなぞ、女性であっても当然の日常食で、なんら残酷でも下品な食べ方でもなかったのでしょう。目を突き刺して干物にしている「イワシの目刺し」にしても当時はなんらむごいことではない。

しかし、その目刺しを初めて目にする今の幼子や外国の人にはどう映るのでしょうか。上品な姿の食べ物でないことぐらいは一目で分かります。上品な料理とは食べる人に「食材の原形を見せない」ことが第一歩なのかもしれません。

このように見慣れてしまっている乱暴で荒々しい姿のままの料理を高級料亭の京懐石で今だに出されているのが現状です。一部の食文化が止まったままです。

アユの塩焼き、足も甲羅も付いたままのカニ、エビ。たとえそれが絶品の食べ方であっても現在人としてどうでしょう。大きな牛肉の塊を見せて、それをステーキ用に切っていく。そのような演出を見て、何も感じないことが普通でいいのか。「おいしそう」でいいのでしょうか。仔《こ》ブタや七面鳥を丸ごと焼いて食べる国と比べればたわいないことと笑い飛ばすのか……。

いいえ違います。

テレビ等で知る限りですが、テーブル上の欧米食事風景は皿に盛られた料理は食べる大きさにナイフで切り離して、少しずつ小口で食べているように見受けられます。日本のように噛み残しを皿の上に戻すようなことはしていません。それを思えば日本はなんと行儀の悪い見にくい所作をおこなってきた料理でしょう。食べやすい大きさ、料理に仕上げていなければ箸だけで食事をする日本料理のよさがありません。それでなければ上品に食べるためには日本料理にもナイフが必要となってきます。「しつらえ」「もてなし」がいくら良くても京料理ではありません。

京懐石もおいしければそれがいい料理なのか。上品さを極める料理であるべきか。そのすべての判断は料理人ではなくそれを求めるお客様にあるのではないでしょうか。

二　アユの塩焼きに見る　もてなしの精神

私どもの店ではアユの塩焼きを出す場合、お客様が骨を抜きやすいように、焼き上がったアユの骨をあらかじめ三分の一ほど引き抜いてからお出ししていました。そうすることで骨をうまく簡単に抜くことができるので、お客様はそれなりに楽しそうでした。その後、さらに食べやすくするために骨をすべて抜いたアユを出してみました。しかし、いくら骨がなくなったとしても、ここから先はどのようにして食べるのかが問題になります。箸でうまく切り離せないのであれば、食べにくいことは同じです。食べやすい大きさに切らなければなりません。そうすることで初めて、茶懐石の精神でもあるお客様のことを思うもてなしの心を進化させた料理になるのではないでしょうか。「アユ」の頭も骨も付いたままの塩焼きなら全国どこにでもある、江戸時代よりはるか昔のままの川魚料理、里山料理の山賊喰いのようです。料亭の座敷では里山にはない上品な食べ方ができるよう、都の料理として出したいものです。その「地」、「場所」に応じた調理法に変えます。変えなくてはその「場」の意味をなしません。頭も中骨も取り除くことを前提として付加価値のある塩焼きを工夫しなければ、

◆鮎塩焼（骨抜き）
胡瓜雷干し、れんこん、みょうが、
蓼酢（笹舟）

遊び心に器の下から煙を出してみました

今後もただ進歩のないアユ料理が続きます。

姿のままの塩焼きにくらべて、骨を取り除いて食べやすくした塩焼きは見た目にボリューム感はなくなりますが、上品で食べやすく、食べた後も器の中がきれいです。どちらがおいしいかではなく、どちらが料亭としての懐石料理にふさわしいかということです。私どもの店ではその後、写真のように三つに切り、骨を抜いて食べやすく包丁をしたアユの塩焼きを出したところ、お客様がこんなにアユが食べやすくておいしいとは知らなかった、いつもは箸でせせるように少しずつ食べていたので、そのおいしさが味わえなかった、とおっしゃっていました。現在、料理屋で作る茶懐石においても、骨付きのアユ、頭付きの小ダイを見かけますが、このことは京料理人が茶懐石を受けて作るようになったままで、いまだに出されています。時代の進歩と共に約束事のなかで変えるべき調理法を工夫をしなければ、今後の茶懐石として疑問が残ります。

お皿の中に頭も骨も残りません、京懐石の上品さが食事のあとにもうかがえます。そもそも、アユの頭のかたい骨も尾も残さず一緒に食べてしまうのが京料理なのか、見た目にも決して上品なものではありません。昔から「**品も味のうち**」といわれます。どちらを選ぶかで、今後の京懐石が歩む方向性も見えてくるでしょう。

又、秋の子持ちアユのお腹に包丁を入れて中の子を見せるような焼方はおおいに品を欠くので慎しむべきでしょう。

※違うことこそ、数奇の道、本質とする。利休の教えを受け継ぎ、違うことの価値を求めた「織部」京料理もまた定義を外さぬようにしながら時代に添った料亭料理、食べさせ方（すすめ方）を考え、変えていくことが必要かと思われます。京懐石もそろそろ、ちがうステージに。

コラム

調理法

新鮮な魚が入荷することにより魚の扱い方も大きく変わりました。細かいウロコを取る場合、昔は身割れしないように「スキ引き」で（包丁でウロコをすくように切り取る）取っていましたが、今はウロコ取りで取っても身割れしません。多くの魚の調理法も変わりました。

三　日本文化の沈没

日本のあらゆる文化が欧米化していく、身近な生活の中でも日々、目に見えて変わり、破れたズボンで平然と街を歩く、ひと昔前なら人前に出ることも恥じ、継ぎを当てて着ていた時代を知る者にとってファッションなどといわれてもとても受け入れがたいものです。その内、煮くずれした料理も面白いと言いだすのでは、こまったものです。少しでも新鮮なものを食べることを喜びとしていた時代の者には、わざわざ肉を熟成させて食べるといった行為は、生物に対しての冒瀆《ぼうとく》としてしか映りません。食肉類の熟成といった呼称のひびきが馴染めないのは時代錯誤でしょうか。マグロ、一塩した魚等は「ねかせる」と言ったものですが。新鮮な魚の食感もおいしさの大事な要素です。日本には古来より、発酵させて食べる食品が多くあります。同じようなことではないかといわれるかもしれませんが、同じではありません。日本の発酵食品の大方は保存食です。食べるものには、おいしいからといって、決して汚してはいけない、触れてはいけない人間としての聖域（食域）があるべき、あって然《しか》るべです。少しは頓着すべきでは。

終戦時の貧しかった時代を忘れて贅沢願望がすぎているのではないでしょうか。

余談になりますが人前で牛肉等を食べるときには小さめに切って、上品に食べたいものです。**秩序がなくなれば、食欲が恐ろしい行為に変貌します。**他国の文化がいい悪いではなく、文化とはその国の土壌から生まれ、その国風《くにぶり》、文明度を表す基準のひとつでもあります。

何もかもをよしとして受け入れていると、日本文化の沈没はまず料理、食文化から始まり、日本のあらゆる根本的文化に波及し、壊されていく気がします。

食（調理法）も変われば体も心も考え方、感性。感受性、精神の根本までもが変わり失なわれてしまいます。かぎりない食への欲求は他の欲望に連鎖し、ともすれば争いごとの火種にまで発展する。**節度をわきまえ足るを知り、品格ある文明国としてひかえることにも満足感を覚えることのできる国の京料理文化**でありたいものです。

■ **心配なこんなこと**

◇火にかかって動いている物を鮮度がいいと喜ぶ（殺生を気にとめない）

◇原形のままの食材を見ておいしそうと思う

◇おいしければ何でもどの国のものも食べる

◇皿の上、器の中が汚れる料理も気にならない

メディアの影響でしょうか、前記のようなことが平然とおこなわれる今日です。大きな口を開けて食べる番組も多すぎます。口元のショットは、日本人が恥じる共通の思いとして上品にたべているところもお願いしたい。上品な食べ姿は備わった国民性を現します。子どもが、真似をして浸透し、長期に渡ると、どのような国の姿になるのでしょう。

コラム

考えもの（供養）

農園帰りにイチゴケーキ、酪農場で牛乳、チーズを食べることと、動物園帰りに肉料理を食べることとでは大きなちがい。それでは、水族館帰りに魚のお刺身を食べるのは…。

一匹、姿のままの魚でなければOKなのか時には考えてみるのも。

供養についての話しはべつとして少なくとも料理屋ではお盆の日には前精進として先附だけでも、生臭ものは避けたいものです。

四　海魚の改めるべき京の調理法

「タイの頭のアラ炊きは京料理？」とよく聞かれることがありました。結論から言えば大阪の割烹料理でしょう、決して京料理ではありません。日本料理の五体系「おばん菜」にタイのアラ炊きが入っているようですが一部の町衆が食していたと思われますが京料理ではありません。流通革命により京都にもタイが豊富に入荷するようになった昭和後期頃まで、料理屋でも「海魚の王」その姿、色、味と頭のおいしさは格別とされ上級の料理として出されていましたが、その後養殖が本格化してからは徐々に料亭では出さなくなりました。これを店の名物料理としても京料理ではないでしょう。時代に伴って価値観も変わります。昔は希少でごちそうであり、贅沢であった食材も現在では上品さに欠けた料理になります。尾頭付きの煮付け、焼き魚も居酒屋ならばうれしいのですが、料理屋で出されたら、女性客は口元が汚れ、懸命に身をせせるしぐさもはしたなく、手をつけるわけにはいきません。時代に応じた調理法をよくよく検証しなければ、古きをただ踏襲するだけです。時代にふさわしく文化に適応できなければ、古典料理のあしき継承者にすぎないことになります。特に海の魚が入りにくかった京都では、鮮魚の処理法の歴史はまだ百年ほどのことです。

新鮮、動いている魚が凄いと活造りが流行った時代もありました。料亭の料理人は分野がちがうので専門店、割烹店にまかせるべきだと思います。

また、骨を取り去った「ハモ料理」を指して「ハモは骨切りするものだ」と言い放ち、その意見に共鳴する雑誌もあります。発信力のある者にならう通癖が食文化の進化の妨げになっているとするなら、これは大変なことになります。このような理不尽な発言が、いまだにまかり通る保守的、閉鎖的な世界が料理界だとすれば、「京料理」、「京料理」と呼ばれている料理も、ただ古きをよしとしたブランド名の下に、継がれていく危険性があります。

京都在住の人はかえって京料理には無感心なのかもしれません。むしろ京料理にこだわっているのは、純粋に京料理を知りたいと思い、期待し、楽しみにされている京都以外の人なのでしょうか。

魚料理も改めて見直してみてはどうでしょう。

※室町時代に、町衆、土倉が食していたやもしれないがその頃は「番菜」とは言わないようです。

五　骨のないハモ料理にまで進化

京都人に愛される「ハモ」の歴史は、縄文時代から江戸中期の骨切り技術に至るまで、実に約千七百年の年月を要しています。さらに令和までの三百年を合わせて二千年という長い時を超えて、現在では骨のないハモ料理にまで進化したのです。江戸中期から三百年、京都の料理人がハモの長い歴史にハモ料理の新時代を切り開いたのです。紛れもなく京都が発信地です。その骨のない「ハモ刺し」の身を縦切りにした「ハモ洗い」は食感といい、うま味といい絶品と表現するだけでは言い尽くせません。他の魚であれば、その魚の味は数百年前にも現在と変わることなく味わうことができていたでしょう。しかし、骨の無いハモ料理に限り、三百年前には思いも及ぶことすらできない料理だったでしょう。長い歴史に、思いをはせてぜひ一度、味わってみてください。上品でおいしいハモ料理を食べさせてくれる店は京都にたくさんあります。夏はサッパリとした味が秋には本来のうま味が増します。

「会席、懐石」のコース料理の中で旬の食材を二、三カ所に使う場合がよくあります。例えば春には筍を「先附、椀物、炊き合せ」に使う。アユ、松茸も同じように調理法を変えて使います。ハモも又同じです。向附、椀物、寿司にと重複して使います。しかしこれらのどの料理もかならず一度骨切りをしたハモを使うことになるので大きな変化を見せることはできませんでした。ここに骨のないハモを加えると、見た目にも食感にも驚くほどの変化を出すことができます。

このように使いにくい食材も工夫すれば京料理として使える食材が沢山あると思います。安易に洋風食材に手を出さず今一度日本の素材を掘り下げて調理法を考えてみては。

コラム

戦後を機に京料理と呼ばれる料理だけではなく、食べるもの（調理法）が、おおよそ三とうりに分類されたように見えます。「手早く作れ、食べごたえのある料理」、「豪華で贅沢なおいしい料理」、そして「上品に洗練された料理」。これらはどこへ向かうのでしょうか。英国にこんな諺があるそうです。「あなたは、あなたが食べてきたもので、できているのです」と。

コラム

秘伝、奥伝、誤伝？

平成五年の頃に料理本【『まな板文化論』江原恵著】をめくっていると、こんな場面にでくわしました。

関東の料理屋に勤めていた著者のもとにある有名な料理人がひょっこり訪ねて来て、雑談するなかで村上元三の『千両鯉』という小説の中で幕末に深川の料理屋でハモの細作りを板前がつくる場面があるという。その話しを聞いた後、著者は、そのような突拍子な絵空事を何を根拠に書いたのか作家に問い合わせようかと思ったが無駄なことが分かっていたからやめにした。何であれトラックも貨物列車もなかった幕末の時代に江戸でハモが食べられるわけがない。よしんばかりにあったとしてもハモの細作りなどという奇妙な創作はやめてほしい。娯楽読物でもつつしむべきではなかろうか。そうした絵空事をちゃんとした料理人が歴史的事実であるかのように受け売りするにいたっては、もはや論外というべきである。

（原文）

あとがき

京懐石料理を想造することは、おいしさ、豪華さを超越することから
京料理を食することは、節度をわきまえることから

京料理の定義を問うなかで、あらためてその重要性を強く感じました。

人には人柄（人格）があるように、国には国柄があり、世界中の料理にも料理柄があります。なぜ京料理には毅然《きぜん》とした料理の姿がないのでしょうか、伝統、歴史といった言葉ばかりの形骸化、時代の波に翻弄《ほんろう》され、他国の料理に手を出す、けじめのない料理が京料理のように報じられる。京懐石の定義をまとめられず価値を見いだせていないことがぶれている要因だと考えられます。京懐石には日本人の自然に対する繊細な感受性が「核」となっています。資源の少ない小さな国、日本が誇れる「国の力」はあらゆる文化の根源でもある食文化、京料理を守り、確立し、継承することから始まるのではないでしょうか。

追い求めれば、食する人との距離があく。

いつの時代においても料理屋の料理は社交の場のものでもあり、コミュニケーションの道具にすぎません。時代の流れに則する物でなければ意味をなさないでしょう。料理は食する人のものであり、需要に応じるのが料理人であることに異論を唱えているのではありません。文明は人間の「肉体的欲望」に応じて発展し続けます。文化は人間の「心の欲求」に応じて進化するものだと感じています。世の中すべてのものが進化し進歩し続ける中で、そのあらゆるものが美的に美しく、機能的に使いよく、触覚的にやさしく、身近なもののすべてが変化していきます。それは人類が必然的に求め、たどる道ですが、そのすべては文明が先行するのではなく文化がもたらす「心の欲求」からくるものでなければたどる道を間違えるのではないでしょうか。

現在の料理は肉体の欲求する欲望だけに応《こた》えているように思えます。料理屋料理と他の文化との大きな違いは、与えられた自然界の「食材」（生けるもの）を冒瀆《ぼうとく》することなく使うことにあります。貪《どん》食、残酷、粗雑、粗末を避け、「場」と「度」をわきまえてできるかぎり上品な料理を心がけることが成熟した調理法とするなら、肉体の欲望だけにこたえるのではなく心に添った料理が料亭の食文化だと思います。

京懐石は京都食文化の「要」、京文化の誉れでありたい。文明は着実に進歩しても、文化の一部は退歩することがあると言われます。前に進むだけではなく残すことと、引きずってはいけないことをふんべつし京料理の一品一品、料理の技巧を構成して総和的に進化させることで、初めて日本料理の象徴として芸術といわれる境地がみえてくるのかもしれません。まず「礎」となる京懐石を整えるべきではないでしょうか。

他の文化がどのように進化した時代が来ようと毅然として動ぜず、巍然《ぎぜん》として変わらず。あらゆる波にのまれる日本料理の「灯台的」存在であるような雅やかで世界に誇れる京懐石が確立できることを切に願っています。

京料理を理解するだけでも、足りない六十年の料理人人生でした。その第一の要因は、定まらない目標を追いかけていた一面があります。長い修業時代を経て身につけてきた数多くの料理をまるで蹴散《けち》らかすような昭和から平成の大変動により大半の料理が価値観のない料理として引き出しの奥に押しやられる。なんの為に有りあらゆる物事を犠牲にしてまで没頭してきたのか、「洋素材は使うまい」「煮炊きものはこうすべきだ」、仲間と遅くまで言い合った時代の料理になんの意味があったのか、その年月を激動の料理史の橋渡し役とするなら、表現できることとは「どのように時代が変っても京懐石は上品で節度ある料理の中でのみ存在することが先人に申し訳が立つことです」。

京料理修業とはひとつの流儀、「京料理道」とでもいうのでしょうか、京料理としての「型」、とりかかる精神を身につけるような面があります。それは**おいしさ**だけが京懐石のすべてではないからだと思います。

京料理を志す若い人が同じ轍を踏まないように、同じことで迷い、苦しみ、後悔しないように本書が些少なり導《しるべ》になればとの思いでいます。

京懐石の明確な定義が定まり世論の適切な判断の基、新たな出発点となることを祈るものです。審判は、食するお客様と歴史に委《ゆだ》ねられます。

「京料理とは、京都の調理法にて、素材を雅やかに仕上げた料理」

「京懐石とは風物詩、風俗、雪月花をも素材とした料理」

本書内容の多くは師匠、諸先輩方々の尊い経験に基づく知識、言い伝えごと、聞きかじりに自身の見解を付け加えたにすぎません。

また、初版「京料理の品格」をもとに、より広く京料理、京懐石への理解と関心が得られることを願い、諸先生方の文献を参考に、料理人としての経験、主観を交えて、加筆・修正しました。

京料理界発展の妨げとならないことを心して。

主な参考文献

『料理覚え書』志の島忠・浪川寛治グラフ社
『味覚の探究』森枝卓士　河出書房新社
『日本年中行事辞典』鈴木棠三角川小辞典－16　角川書店
『食通以前』江原恵　講談社
『庖丁文化論　日本料理の伝統と未練』江原恵　講談社
『日本料理秘密箱』阿部孤柳　柴田書店
『江戸料理史・考　日本料理草創期』江原恵　河出書房新社
『まな板文化論』江原恵生活から見た料理　河出書房新社
『京料理の歴史』村井康彦　柴田書店
『京都の食景』菊池昌治作家が描いた京都の風味　淡交社
『京料理の文化史』上田純一　思文閣出版
『精進料理の極意』梶浦逸外　大法輪閣
『おいしさの科学』山野善正・山口静子　朝倉書店
『グルメの話　おいしさの科学』伏木亨　恒星出版
『「こつ」杉田浩一の科学』柴田書店
『たべもの日本史総覧』西山松之助ほか　新人物往来社
『再現江戸時代料理』松下幸子・榎木伊太郎　小学館
『懐石の研究』筒井紘一わび茶の食礼　淡交社
『茶懐石』辻嘉一　婦人画報社
『裏千家懐石』辻嘉一　淡交社
『茶料理』木村豊次郎　河原書店
『楽味』京都楽味会
『俎友会会報』
『好友会』長谷川好友会機関誌
『千膾百果』京都日本調理師協会
『再発見京の魚』京の魚の研究会おいしさの秘密　恒星社厚生閣
『日本料理法大全』清水桂一訳補第一出版
『うま味』河村洋二郎味覚と食行動　共立出版
『日本の七十二候を楽しむ』白井明大―旧暦のある暮らし　東邦出版
『庖丁』丹羽文雄　角川文庫
『お茶はなぜ女のものになったか』加藤恵津子　紀伊國屋

朝尾　朋樹（あさお　ともき）

一九四五年、兵庫県三木市生まれ。一九六〇年一五歳で岡山市「西川荘」にて料理界に入る。その後、神戸、大阪を経て、京都の料亭十数店で修業。二七歳で料亭「土井」の修業を終え、京都の各料亭の料理長を務める。「吉田山荘」料理長を務めた後、独立一九八二年、三条・神宮道懐石京うどん「京菜家」を開店。一九八四年、千本今出川焼とり「一菜」開店。京料理「八坂」料理指導、一九九〇年、高台寺京料亭「馳走髙月」開店。一九九二年、祇園京割烹「味留」開店。一九九七年、高台寺二年坂京佃煮処「梅いちえ」開店。二〇〇六年、安朱に蕎麦懐石「春秋山荘、蕎麦髙月」開店。二〇一四年、神宮道に「髙月」、「梅いちえ」を移転。二〇一七年全店を閉店、著書に『秘傳體料理』（誠文堂新光社、一九九七年）『京料理の品格』（角川学芸出版角川出版企画センター、二〇一一年）『秘傳體料理』改訂（京都新聞出版センター、二〇二一）がある。

修業経歴

西川荘（岡山市）　お茶室料亭 玄以庵（京 北山）
六甲花壇（神戸市）　水琴亭（岐阜）
暫（大阪市）　松山閣（京 原谷）
鶴清（京都市）　吉田山荘（京 吉田山）
獅子吼（大津市）　その他一〇数軒を助で勤める
ひろや（京 貴船）　以後、独立
花屋敷（宇治市）
土井（京 高台寺）　ホテル・ニュー京都内、
伊勢長（京 京都ホテル）　京料理「八坂」料理指導

修業当時、料理に関するテレビ、雑誌などの情報元もなく、仕事も形として残らない、試食に行けるほどの休日、給金もなく、勤めている店を移ることでしか他店の違った料理を知ることができない時代で、料理人皆が十数店の職場を経験している。安い料理、高級な料理、多人数の料理、川魚、沖魚、立ち（カウンター）、料亭と、どのような仕事もこなせなければ一人前の料理人として仕事をもらえなかった。また、入方（二八頁、調理師紹介所）の移動辞令に背けない時代。

京料理　定義を問う

発行日　　2023年4月6日　初版発行　　©2023
著　者　　朝尾朋樹
発行者　　前畑知之
発行所　　京都新聞出版センター
〒604-8578　京都市中京区烏丸通夷川上ル
TEL 075-241-6192　FAX 075-222-1956
http://www.kyoto-pd.co.jp/book/

日本音楽著作権協会（出）許諾第2207372-201号
印刷・製本　株式会社ITP

ISBN978-4-7638-0765-6　C0077
Printed in Japan

装丁・デザイン：北尾崇